Uma Breve História da Música

CADERNOS DE MÚSICA DA UNIVERSIDADE DE CAMBRIDGE

Volumes da série:
Uma breve história da música
Elementos básicos da música

Roy Bennett

Uma Breve História da Música

Tradução:
Maria Teresa Resende Costa
Licenciada em piano,
Escola Nacional de Música/UFRJ

Revisão técnica:
Luiz Paulo Sampaio
Professor do Instituto Villa-Lobos da Unirio

ZAHAR

Copyright © 1982 by Cambridge University Press

Grafia atualizada segundo o Acordo Ortográfico da Língua Portuguesa de 1990, que entrou em vigor no Brasil em 2009.

Tradução autorizada da quarta impressão inglesa, publicada em 1982 por Cambridge University Press, Inglaterra, na série Cambridge Assignments in Music.

Agradecimentos
O autor e o editor agradecem às seguintes pessoas e organizações pelos direitos de reprodução das músicas e ilustrações apresentadas neste livro: Mansell Collection (p.13, 18, 23 [acima, abaixo], 29, 52); British Library (p.14); Secretaria de Turismo do Governo Francês (p.15); Trustees of British Museum (p.27, 28); Victoria and Albert Museum (p.32, 35 [abaixo]); Warwickshire Museum for the Hermann Table Harpsichord (p.41); Staatliche Graphische Sammlung, Munique (p.58); The National Gallery (p.70); Nasjonalgalleriet, Oslo (fotografia de O. Vaering) (p.72); desenhos de Judith Yates (p.19, 30, 45); fotografia de Reg Wilson (p.64); Boosey and Hawkes Music Publishers Ltd, Londres (p.72); Universal Edition (p.73, 74, 77-8).

Título original
History of Music

Capa
Valéria Naslausky

Impressão em ofsete
Gráfica Paym

Papel
Alta Alvura, da Suzano S.A.

CIP-Brasil. Catalogação na fonte
Sindicato Nacional dos Editores de Livros, RJ

Bennett, Roy
B417b   Uma breve história da música / Roy Bennett; tradução Maria Teresa Resende Costa. — 1ª ed. — Rio de Janeiro: Zahar, 1986.
(Cadernos de música da Universidade de Cambridge)

Tradução de: History of Music.
ISBN: 978-85-7110-365-8

1. Música – História. I. Título. II. Série.

86-0303
CDD: 780.9
CDU: 78(09)

20ª reimpressão

[2025]
Todos os direitos desta edição reservados à
EDITORA SCHWARCZ S.A.
Praça Floriano, 19, sala 3001 — Cinelândia
20031-050 — Rio de Janeiro — RJ
Telefone: (21) 3993-7510
www.companhiadasletras.com.br
www.blogdacompanhia.com.br
facebook.com/editorazahar
instagram.com/editorazahar
twitter.com/editorazahar

A marca FSC® é a garantia de que a madeira utilizada na fabricação do papel deste livro provém de florestas que foram gerenciadas de maneira ambientalmente correta, socialmente justa e economicamente viável, além de outras fontes de origem controlada.

Sumário

7 *Apresentação*
9 *Nota de Esclarecimento*

capítulo 1

11 **Que É Estilo em Música?**
Períodos da história da música, *11*; Melodia, *11*; Harmonia, *11*; Ritmo, *12*; Timbre, *12*; Forma, *12*; Textura, *12*

capítulo 2

13 **Música Medieval**
Cantochão, *13*; *Organum* paralelo, *14*; *Organum* livre, *14*; *Organum* melismático, *14*; *Organum* em Notre-Dame, *15*; Descante e *Clausula*, *16*; Motetos, *17*; Danças e canções medievais, *18*; Instrumentos medievais, *19*; *Ars Nova* (Arte Nova), *19*

Principais características, *21*
Exercícios, *22*

capítulo 3

23 **Música Renascentista (1450-1600)**
Música sacra, *24*; Países Baixos e Itália, *25*; Corais alemães, *26*; A música vocal profana, *26*; Madrigais elisabetanos, *26*; Música sacra na Inglaterra, *28*; Veneza no século XVI, *29*; Música instrumental, *29*; Instrumentos renascentistas, *30*; A música elisabetana para teclado, *32*

Principais características, *33*
Exercícios, *33*

34 **Exercício Especial A**

capítulo 4

35 **Música Barroca**
Monodia, *36*; As primeiras óperas, *36*; O "velho" e o "novo" estilo, *37*; Oratório, *38*; Música instrumental, *39*; A suíte, *41*; Sonatas barrocas, *41*; Concerto grosso, *42*; A orquestra, *43*

Principais características, *44*
Exercícios, *44*

capítulo 5

45 Música Clássica
A orquestra, *46*; Música para piano, *47*; Sonatas, *48*; A sinfonia, *48*;
Forma sonata, *49*; O concerto, *52*; Ópera, *52*

Principais características, *54*
Exercícios, *55*

56 Exercício Especial B

capítulo 6

57 Romantismo no Século XIX
A orquestra, *58*; O Lied alemão, *58*; Música para piano, *59*; Música
programática (ou de programa), *60*; O concerto, *62*; O drama musical
de Wagner, *62*; O nacionalismo no século XIX, *64*; A música coral no
século XIX, *65*; O romantismo tardio, *65*

Principais características, *66*
Exercícios, *66*

67 Exercício Especial C

capítulo 7

68 Música no Século XX
Impressionismo, *70*; O nacionalismo no século XX, *71*;
Influências jazzísticas, *71*; Politonalidade, *71*;
Atonalidade, *72*; Expressionismo, *72*; Serialismo ou dodecafonismo, *73*;
Neoclassicismo, *74*; Novos sons, novos materiais, *75*;
Música concreta, *76*; Música eletrônica, *76*; Serialismo total, *77*;
Música aleatória, *77*

Exercícios, *78*

79 Exercício Especial D

80 Quadro Sinóptico

Apresentação

A tradução desta pequena, mas extraordinária, história da música vem preencher uma importante lacuna na bibliografia disponível sobre o assunto, no Brasil.

Iniciando pelo século IX, quando surgem as primeiras "composições" (no sentido que hoje é dado ao termo), o autor percorre de forma sucinta porém completa os caminhos da música do Ocidente até nossos dias, não só mostrando o desenvolvimento das ideias e da escrita musicais, mas também indicando e descrevendo os instrumentos utilizados e as práticas adotadas nos diversos períodos dessa evolução. Tal enfoque propicia ao leitor uma visão global das características de cada uma das grandes épocas estilísticas que marcaram a história da música ocidental sem, entretanto, perder de vista o estreito entrelaçamento entre os diversos períodos, causado pela contínua e orgânica evolução das ideias e da prática musical através dos tempos, que são muito bem-exemplificadas pelos excelentes quadros sinópticos que abrem cada período analisado, dispondo de forma clara os diversos tipos de música, seus locais de origem, sua gênese cronológica e os principais compositores da época.

O cuidado na indicação de gravações a serem ouvidas representa outra importante característica desta obra, pois a experiência auditiva é fundamental à análise e compreensão de qualquer tipo de composição musical, permitindo, ao mesmo tempo, uma comparação clara e direta entre as diversas técnicas e estruturas utilizadas em diferentes épocas ou mesmo entre estilos diferentes de um mesmo período.

Também os exercícios propostos ao longo do livro permitem uma participação que acaba por envolver o leitor nos processos de elaboração formal e aquisição de novas técnicas, ambos estreitamente relacionados à criação musical.

Trata-se, pois, de obra de grande utilidade para um variado universo de leitores, tais como músicos, professores de música e de história das artes, amadores, estudantes de música, enfim, leitura importante para todos aqueles que procuram melhor conhecer e compreender este extraordinário processo cultural – ímpar na história da humanidade: a música da civilização ocidental.

LUIZ PAULO SAMPAIO

Nota de esclarecimento

Este livro é um breve resumo da história da música ocidental, cobrindo todos os campos importantes, em particular aquele que diz respeito ao reconhecimento dos estilos e períodos. Uma lista de características ou "ficha de identificação" do estilo musical é fornecida para cada período, e o livro se encerra com a apresentação de um quadro sinóptico da história da música. A obra destina-se a ajudar os alunos que irão prestar exames de conclusão do curso secundário e os candidatos às escolas superiores em áreas que envolvam a história da música, especialmente nas questões em que se pede ao aluno que identifique o período e o autor de determinada peça que ainda lhe é desconhecida.

Do princípio ao fim do livro, intercalados no texto, encontram-se questionários e exercícios de vários tipos, muitos deles formulados com o propósito de suscitar discussões sobre alguma obra particular, apresentada na forma de partitura que o aluno deverá procurar ouvir. Há também quatro exercícios especiais para serem aplicados conjuntamente com um programa variado de músicas do qual o professor selecionará alguns trechos. Esses exercícios especiais – que constituem a essência deste livro – estão centrados em problemas relacionados com a identificação de estilo, período, textura, instrumentos, tipos de composição e, conforme o caso, reconhecimento do possível compositor. Quando um desses exercícios especiais for dado pela primeira vez, é provável que o professor julgue mais prudente limitar o programa a trechos musicais que correspondam, no máximo, a dois ou três períodos. Todos os quatro exercícios especiais podem, naturalmente, ser repetidos tantas vezes quantas necessárias, e outros tantos mais, com base na seleção de um número maior de músicas, poderão ser idealizados.

1
Que É Estilo em Música?

Ao escrever uma peça de música, o compositor está combinando simultaneamente diversos elementos musicais importantes que chamaremos de componentes básicos da música. Dentre estes se acham:

> melodia – harmonia – ritmo – timbre – forma – textura

Empregamos a palavra **estilo** para designar a maneira pela qual compositores de épocas e países diferentes apresentam esses elementos básicos em suas obras. Como veremos, a maioria deles – se não a totalidade – está presente em todos os períodos da história da música, embora inexistisse harmonia na música medieval da primeira fase e não haja, por assim dizer, melodia em certas composições do século XX.

De fato, é a maneira particular como esses componentes são tratados, equilibrados e combinados que faz com que certa peça tenha o sabor característico ou o estilo de determinado período – além de fornecer os itens que irão compor a sua "ficha de identificação".

Períodos da história da música

Podemos dividir a história da música em períodos distintos, cada qual identificado pelo estilo que lhe é peculiar. É claro que um estilo musical não se faz da noite para o dia. Esse é processo lento e gradual, quase sempre com os estilos sobrepondo-se uns aos outros, de modo a permitir que o "novo" surja do "velho". Por isso mesmo, dificilmente os musicólogos estão de acordo a respeito das datas que marcam o princípio e o fim de um período, ou mesmo sobre os nomes a serem empregados na descrição do estilo que o caracteriza. No entanto, aqui apresentamos uma forma de dividir a história da música do Ocidente em seis grandes períodos, indicando as datas correspondentes:

Música medieval	**até cerca de 1450**
Música renascentista	**1450 – 1600**
Música barroca	**1600 – 1750**
Música clássica	**1750 – 1810**
Romantismo do século XIX	**1810 – 1910**
Música do século XX	**de 1900 em diante**

Antes de passarmos propriamente ao estudo do estilo de cada um desses períodos, examinaremos em primeiro lugar o significado dos seis componentes básicos da música:

Melodia

Para a maioria das pessoas, a **melodia** é o componente mais importante numa peça musical. Todo o mundo sabe, naturalmente, o que é melodia, palavra muito comum, cujo significado, no entanto, é difícil de ser precisado com exatidão. Um dicionário musical sugere a seguinte definição: "sequência de notas, de diferentes sons, organizadas numa dada forma de modo a fazer sentido musical para quem escuta". Contudo, o modo de reagir a uma melodia é questão muito pessoal. Aquilo que faz "sentido musical" para um pode ser inaceitável para outro, e o que se mostra interessante e até belo para uma pessoa pode deixar uma outra inteiramente indiferente.

Harmonia

A **harmonia** ocorre quando duas ou mais notas de diferentes sons são ouvidas ao mesmo tempo, produzindo um acorde. Os acordes são de dois tipos: consonantes, nos quais as notas concordam umas com as outras, e dissonantes, nos quais as notas dissoam em maior ou menor grau, trazendo o elemento de tensão à frase musical. Usamos a palavra "harmonia" de duas maneiras: para nos referirmos à seleção de notas que constituem determinado acorde e, em sentido lato, para descrevermos o desenrolar ou a progressão dos acordes durante toda uma composição.

Ritmo

A palavra **ritmo** é usada para descrever os diferentes modos pelos quais um compositor agrupa os sons musicais, principalmente do ponto de vista da duração dos sons e de sua acentuação. No plano do fundo musical, haverá uma batida regular, a pulsação da música (ouvida ou simplesmente sentida), que serve de referência ao ouvido para medir o ritmo.

Timbre

Cada instrumento tem uma qualidade de som que lhe é própria, aquilo que poderíamos chamar de "cor do seu som". Por exemplo, a sonoridade característica de um trompete é que nos faz reconhecê-lo imediatamente como tal, de modo a podermos dizer que diferença há entre esse instrumento e, digamos, um violino. É a essa particularidade do som que se dá o nome de **timbre**. O compositor tanto pode jogar com a mistura de timbres, ou seja, misturar a seção de cordas de uma orquestra com as ricas e misteriosas sonoridades do corne-inglês, dos violoncelos e dos fagotes, como também pode jogar com contrastes, procurando destacar um som do outro. Seria o caso, por exemplo, de um fundo formado por sonoridades mais sombrias, constituído pelos baixos das cordas e metais, em contraste com os sons luminosos e penetrantes do flautim, da requinta,* do trompete com surdina e do xilofone.

Forma

Usamos a palavra **forma** para descrever o projeto ou configuração básica de que um compositor pode valer-se para moldar ou desenvolver uma obra musical. São vários os tipos de formas ou configurações, obtidos através de diferentes métodos, nos diferentes períodos da história da música.

Textura

Algumas peças musicais apresentam uma sonoridade bem densa: rica e fluindo com facilidade. Outras podem mostrar-se com os sons mais rarefeitos e esparsos, por vezes produzindo um efeito penetrante e agressivo. Para descrever esse aspecto da música, usamos a palavra **textura**, comparando a trama formada pelos fios de um tecido com a organização dos sons numa composição musical. Há três maneiras básicas de o compositor "tecer" uma música:

- **monofônica:** constituída por uma única linha melódica, destituída de qualquer espécie de harmonia;
- **polifônica:** duas ou mais linhas melódicas entretecidas ao mesmo tempo (às vezes, também chamada **contrapontística**);
- **homofônica:** uma única melodia é ouvida contra um acompanhamento de acordes. Basicamente, é uma música com um mesmo ritmo em todas as vozes.

---

* Pequena clarineta em bemol. (N.R.T.)

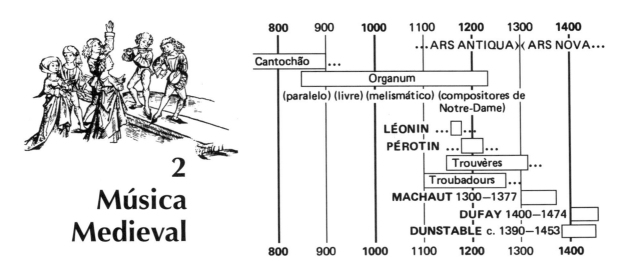

2
Música Medieval

Cantochão

A música mais antiga que conhecemos, tanto sacra como profana, consiste em uma única melodia, com uma textura do tipo que chamamos monofônica. Em sua primeira fase, a música religiosa conhecida como cantochão não tinha acompanhamento. Consistia em melodias que fluíam livremente, quase sempre se mantendo dentro de uma oitava e se desenvolvendo, de preferência com suavidade, através de intervalos de um tom. Os ritmos são irregulares, fazendo-se de forma livre, de acordo com as acentuações das palavras e o ritmo natural da língua latina, base do canto dessa música. Alguns cantos eram expressos de modo antifônico, isto é, os coros cantavam alternadamente. Outros eram cantados no estilo de responsório, que se faz com as vozes do coro respondendo a um ou mais solistas. Ainda hoje, em muitas igrejas e abadias, o cantochão é usado normalmente.

[Solo] Be - ne - di - ca - mus Do_____ mi - no.
[Coro] De — o gra_____ ti - as.
(Abençoemos o Senhor. Graças a Deus.)

Modos

A música antiga (mais precisamente aquela que vai até o século XII) empregou um sistema especial de escalas às quais se dá o nome de **modos**. Você, por exemplo, pode tocar um modo no piano. Para tanto, basta que comece uma escala por uma nota branca, digamos o ré, e vá subindo nota por nota, tocando somente nas teclas brancas. Se tentar fazer a mesma coisa começando por outra nota, verá que os modos nunca têm a mesma sequência de tons e semitons. O modo em que a melodia está escrita é identificado pela sua **final**, isto é, pela nota em que ela começa e termina, ou então pelo **âmbito** da melodia, dado por suas notas mais alta e mais baixa.

Cada modo medieval apresentava duas formas: uma "autêntica" (como o modo dório, que vai de ré a ré) e outra "plagal" – a que tem o mesmo modo e o mesmo final, diferenciando-se apenas pelo fato de a série começar uma quarta abaixo. Nesse caso, o prefixo "hipo" é acrescentado ao nome do modo (por exemplo, uma série que vá de lá a lá, cuja nota final seja ré, passa a ser o modo hipodório):

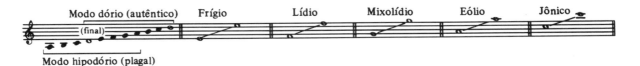

As mais antigas notações de cantochão encontram-se em neumas, sinais gráficos desenhados sobre as palavras indicando sem muita precisão o contorno melódico.

Exercício 1 Procure ouvir o *Benedicamus Domino* (sua música está na p.13).
   a) Em que âmbito se encontra esse canto (veja a nota mais alta e a mais baixa)?
   b) Qual é a nota *final*?
   c) Em que modo está a melodia?
   d) Entre que notas ocorrem os semitons nesse modo?

Organum paralelo

As primeiras músicas polifônicas (com duas ou mais linhas melódicas tecidas conjuntamente) datam do século IX. Por essa época, os compositores partiram para uma série de experiências, introduzindo uma ou mais linhas de vozes com o propósito de acrescentar maior beleza e refinamento a suas músicas. A composição nesse estilo é chamada *organum* e sua forma mais antiga é o "*organum* paralelo", pois a voz organal (*vox organalis*, a que foi adicionada) tinha unicamente o papel de duplicar a voz principal (*vox principalis*, a que conservava o cantochão original) num intervalo inferior, de quarta ou quinta.

[voz principal]
[voz organal]

Sit glo - ri - a Do - mi - ni, in sae - cu - la lae - ta - bi - tur Do - mi - nus in o - pe - ri - bus su - is.
(Possa a glória do Senhor durar para sempre. O Senhor se alegrará em suas obras.)

Esse som, um tanto rígido e despojado, frequentemente era enriquecido por meio da duplicação de uma ou ambas as vozes na oitava.

Organum livre

Nos dois séculos seguintes, os compositores foram gradualmente dando alguns passos no sentido de libertar a voz organal de seu papel como cópia fiel da voz principal. Por volta do século XI, além do movimento paralelo, a voz organal também usava o movimento contrário (elevando-se quando a voz principal baixava e vice-versa), o movimento oblíquo (conservando-se fixa enquanto a voz principal se movia) e o movimento direto (seguindo a mesma direção da voz principal, mas separada desta não exatamente pelos mesmos intervalos). No "*organum* livre", a voz organal já aparece escrita acima da voz principal. É feita ainda ao estilo de nota contra nota, mas observe que, na peça mostrada abaixo, há três ocasiões em que a parte da voz organal tem duas notas para cantar contra uma única da voz principal.

[voz organal]
[voz principal]

1 Re - gi re - gum glo - ri - o - so 3 As - sis - tunt in pa - la - ti - o   5 Be - ne - di - ca - mus Do - mi - no
2 Pe - trus et Pau - lus   se - du - lo 4 Su - per - ni re - gis ju - bi - lo
(Pelo glorioso Rei dos reis guardam Pedro e Paulo fielmente o Seu palácio.
Com louvor ao Rei superior abençoemos o Senhor.)

Organum melismático

No começo do século XII, esse rigoroso estilo de nota contra nota foi inteiramente abandonado, substituído por outro em que a voz principal se estica por notas do canto com longos valores. A voz principal passou, então, a ser chamada de **tenor** (do latim *tenere*, isto é, manter). Acima das notas do tenor, longamente sustentadas, uma voz mais alta se movia livremente, expressa por notas de menor valor que, com suavidade, se iam desenvolvendo. Dá-se a um melodioso grupo de notas cantado numa única sílaba o nome de **melisma**, daí esse tipo de *organum* ser conhecido como "*organum* melismático". O tenor da peça que transcrevemos abaixo foi tirado do *Benedicamus Domino* (mostrado na p.13):

Exercício 2

a) Procure ouvir o *organum* livre *Regi regum* (p.14). Que intervalos (distância entre as vozes) são mais comuns? Procure nesse *organum* os lugares onde as vozes se encontram em:
  • movimento paralelo   • movimento oblíquo
  • movimento contrário   • movimento direto

b) Em que tipo de *organum* até agora descrito a voz organal se movimenta mais livremente em relação à principal?

Organum em Notre-Dame

Mais tarde, ainda no século XII, Paris tornou-se um importantíssimo centro musical, desde que, em 1163, teve início a construção da catedral de Notre-Dame. Aí, as partituras de *organum*, com um grupo de compositores pertencentes à chamada "Escola de Notre-Dame", alcançaram admirável estágio de elaboração. No entanto, apenas o nome de dois desses compositores chegou até nós: o de Léonin, que foi o primeiro mestre do coro de catedral, e o de seu sucessor, Pérotin, que trabalhou de 1180 até cerca de 1225.

Catedral de Notre-Dame, Paris.
A construção começou em 1163 e a
catedral foi consagrada em 1182.

Léonin

Léonin escreveu muitos *organa* [plural de *organum*] com base em cantos apropriados às festividades anuais da igreja, como a Páscoa e o Natal. Aqui, damos a maneira como um *organum* ao estilo de Léonin deveria ter sido composto.

Uma vez escolhida a música apropriada – o *Benedicamus Domino*, por exemplo –, o compositor consideraria como tenor a parte que tivesse apenas uma ou duas notas em cada sílaba (Be-ne-di-ca-mus), atribuindo-lhes valores extremamente longos de fato, tão longos que é bem possível que os tenores de Notre-Dame fossem auxiliados, ou mesmo substituídos, por instrumentos como o órgão ou os sinos. Acima dessa linha, o compositor escreveria um solo

Descante e *Clausula*

(agora com o nome de *duplum*, isto é, segunda parte), usando um tipo de notação mais rápida, como antigos compositores faziam no *organum* melismático, mas com uma diferença: nos *organa* de Notre-Dame, as partes mais altas estão *mensuradas* (arranjadas em precisas unidades de tempo musical), com as vozes tecendo frases parecidas com as de dança e baseadas em padrões rítmicos, todos de três tempos – na verdade, uma métrica emprestada da poesia.

Quando, entretanto, o compositor chegasse a um segmento do canto original dotado de melisma ("*Do... mi-no*"), ele poria o tenor também dentro do mesmo ritmo, usando as notas desse segmento de canto, agora em andamento mais rápido. Esse estilo de composição ficou conhecido como **descante** e a parte do *organum* na qual isso ocorria foi chamada de **clausula**. As notas do tenor nessas passagens geralmente eram construídas formando desenhos rítmicos curtos que se repetiam por toda a *clausula*.

Só as partes solo do canto original eram colocadas em polifonia para vozes solo. As partes do canto originalmente a cargo do coro seriam executadas como antes – sem medida e em uníssono.

Exercício 3 Embora 25 frases da parte de cima desse *organum duplum* (*organum* a duas vozes) variem em comprimento, observe-se a maneira como o compositor as organiza para modelar a linha, já então usando certos "artifícios" musicais:
a) repetindo os padrões rítmicos (compassos 2-3 e 4-5)
b) repetindo o trecho do canto (compassos 39-40 e 41-42)
c) usando a **sequência** – um trecho da melodia imediatamente repetido, mas em tom um pouco mais alto ou mais baixo (compassos 16-17, 18-19 e 20-21)

Se tiver o ensejo de ouvir esse *organum*, anote os pontos onde aparecem exemplos de cada um desses artifícios musicais.

Pérotin Pérotin, que foi o sucessor de Léonin na função de mestre de capela em Notre-Dame, revisou grande número de *organa* anteriores, enriquecendo-os e fazendo certos tipos de modificações a fim de torná-los estilisticamente mais modernos. A um *organum duplum*, por exemplo, ele poderia acrescentar uma terceira (**triplum**) e até mesmo uma quarta voz (**quadruplum**). Além disso, compôs diversas *clausulae* – algumas em substituição a outras já existentes em *organa* anteriores, algumas a serem executadas como peças independentes.

Exercício 4 Procure ouvir uma gravação com algum *organum* de Pérotin. Repare como as vozes já estão formando uma textura mais complexa e como a peça está estruturada como "grandes arcadas sonoras". Trata-se de música adequada à imponência dos interiores aos quais foi originalmente destinada.

Motetos

No século XIII, as vozes mais altas das *clausulae* começaram a receber palavras independentes do texto. O *duplum* passou, então, a ser conhecido como *motetus* (do francês *mots*, que significa "palavras"), dando assim origem a um tipo de música popular que foi chamada de **moteto**. Como muitas dessas composições foram elaboradas para serem cantadas fora das igrejas, passaram a ser usadas palavras seculares. Sobre uma *clausula*, talvez tirada de um *organum* a duas vozes, acrescentava-se uma terceira voz (**triplum**), escrita com notas mais rápidas. Esta tinha palavras inteiramente independentes, às vezes até em outra língua. É curioso observar que, musicalmente, o *triplum* poderia tanto ajustar-se ao tenor (agora mais tocado do que cantado) como o *duplum*, mas não precisava necessariamente adequar-se aos dois, do que por vezes resultavam conflitos dos mais dissonantes! É típica da Idade Média essa forma de construção musical em camadas, por vezes resultantes do trabalho de diferentes compositores.

Abaixo, mostramos a abertura de um moteto do século XIII, baseado numa *clausula* de *organum* a duas vozes. Inicialmente, fora um *duplum* composto com as tristes palavras de um poema amoroso, em seguida transformado em um *triplum* com as palavras de outro poema, este já um pouco mais alegre. Ambos estão em francês.

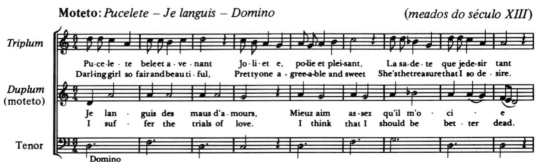

Menina bela e amável/ mimosa, gentil e doce/ tesouro que tanto desejo.
Sofro as penas d'amor/ queria muito mais estar morto.

Conductus Outro tipo de música que se popularizou com os compositores de Notre-Dame foi o **conductus**, cântico de procissão usado para acompanhar o padre, conduzi-lo em seus movimentos pela igreja. Ao elaborar um *conductus*, o próprio compositor, em vez de tomar emprestado do cantochão a parte do tenor, escrevia uma melodia própria. Sobre a parte do tenor, adicionava uma, duas, três e até mais vozes, quase sempre ao estilo de nota contra nota. Diferentemente do

Troca de vozes

voz 1	frase A	frase B
voz 2	frase A	frase B

moteto, o *conductus* usava o mesmo texto em todas as partes das vozes. Uma interessante invenção musical que surgiu sobretudo com o *conductus* foi a **troca de vozes**. Fragmentos de melodia ou mesmo frases inteiras são trocados pelas vozes. Por exemplo, enquanto uma voz acha-se cantando **AB**, outra ao mesmo tempo está cantando **BA**.

Tal como o moteto, o *conductus* saiu do interior das igrejas, secularizando-se como música. Exemplo de *conductus* é o *Veris ad imperia*, alegre peça em louvor da primavera, construída na forma de *triplum*, com muitos casos de troca de vozes.

Exercício 5 Procure ouvir um moteto e um *conductus* e aponte três fatores que os diferenciam em estilo.

Danças e canções medievais

Em sua maioria, as danças e canções medievais são monofônicas (textura de uma só linha). Durante os séculos XII e XIII, houve intensa produção de obras na forma de canção, compostas pelos **troubadours**, os aristocráticos poetas-músicos do sul da França, e pelos **trouvères**, a contrapartida destes no norte. São duas palavras que estão associadas ao moderno verbo francês *trouver*, que significa "descobrir" – de modo que *troubadours* e *trouvères* eram aqueles que descobriam ou inventavam poemas e melodias.

Eram melodias que davam clara ideia do tom, mas não dos valores reais das notas, que advinham certamente do ritmo natural das palavras. Não existe qualquer informação sobre os instrumentos que deveriam acompanhá-las, mas é pouco provável que fossem cantadas sem acompanhamento. Também é possível que houvesse uma introdução e interlúdios entre os versos, executados por algum instrumento.

Dentre as canções dos *troubadours*, uma das mais conhecidas é *Kalenda Maya*, música que pode ser cantada em um tempo de dança bem ritmado: "Primeiro de maio, mas nenhuma folha, flor ou canto de pássaro me pode dar prazer, enquanto notícias de meu amor não receber..."

E dentre as dos *trouvères*, *C'est la fin*, de autor anônimo, traduz um estado de espírito ainda mais melancólico: "É o fim. Não importa o que se diga, eu amarei..."

As formas mais populares da dança medieval foram a **estampie** (provavelmente, "dança sapateada") e o **saltarello** ("dança saltitante"). São músicas construídas por partes, cada qual repetida uma vez. A parte antes de se fazer a repetição é chamada "*ouvert*" (aberta), e da segunda vez em que é executada tem o nome de "*clos*" (fechada). Tanto podia ser tocada por um ou dois instrumentos como por um grupo mais numeroso, com um ou dois solistas executando as partes iniciais para depois juntar-se os demais instrumentistas. Mostramos aqui uma dança de corte na França do século XIII, chamada *ductia*, cuja forma é a das *estampies*, mas com um número menor de partes.

Instrumentos medievais

Os instrumentos que deveriam acompanhar essas danças e canções incluíam:

Galubé e tamboril	flauta e tambor de duas faces, tocados por uma só pessoa
Charamela	instrumento de sopro e palheta dupla, de grande sonoridade, um dos antepassados do oboé
Corneto	feito de marfim ou madeira e guarnecido de couro; possuía bocal parecido com o do trompete, mas com orifícios para os dedos, como os da flauta
Órgão	além do órgão de igreja, havia o órgão portátil – peça pequena, de poucas notas –, que podia ser carregado com facilidade
Carrilhão	conjunto de sinos graduados de acordo com o tamanho e a altura dos sons, para ser tocado com martelos de metal
Cítola ou cistre	instrumento com quatro cordas de arame que eram tangidas com os dedos
Harpa	menor em tamanho que a harpa moderna e com muito menos cordas
Viela	ligeiramente maior que as violas modernas, possuía um cavalete um tanto achatado que permitia que uma corda fosse tocada ao mesmo tempo que outra
Rebeque	instrumento em forma de pera, geralmente de três cordas friccionadas com arco
Viela de roda	instrumento no qual uma roda movida a manivela fazia as cordas vibrarem, e um teclado em conexão com as cordas melódicas respondia pela diferenciação dos sons
Saltério	dotado de cordas que eram tocadas com bicos de pena, um em cada mão

Também: flautas doces de vários tamanhos; a aveludada flauta medieval; o longo e retilíneo trompete medieval; alaúde; gaitas de fole; instrumentos de percussão, tais como címbalos, triângulo e tambores diversos.

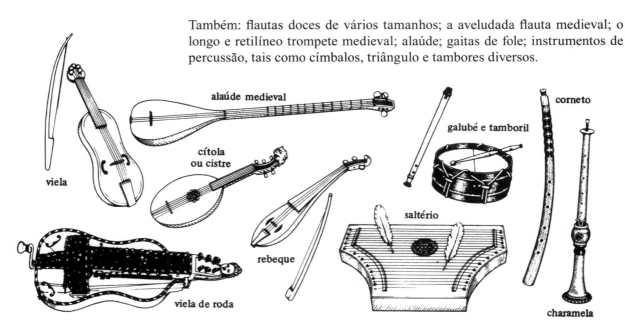

Exercício 6 Ouça discos com canções e danças medievais, identificando, na medida do possível, os instrumentos que tocam as peças.

Ars Nova (Arte Nova)

Em três etapas da história da música, separadas uma da outra por mais ou menos 300 anos, vamos encontrar súbitas e marcantes mudanças no estilo musical. É interessante notar que em todas essas ocasiões a música foi, de certo modo, descrita como "nova".

  c.1300 – **Ars Nova** (Arte Nova)
  c.1600 – **Le Nuove Musiche** (A Nova Música)
  c.1900 – **A Nova Música**

Quando o nome de **Ars Nova** foi atribuído à música produzida no início do século XIX na França e na Itália, os músicos passaram a referir-se ao estilo do século anterior como **Ars Antiqua** (Arte Antiga).

O estilo da *Ars Nova* é bem mais expressivo e refinado. Os ritmos já são mais flexíveis, ousados, e o contraponto (ou polifonia) se faz de forma mais desembaraçada. Mas, mesmo que, de modo geral, a harmonia se apresente em forma mais desenvolvida, as frases ainda tendem a começar e terminar com acordes incompletos, formados de quintas, quartas e oitavas.

Guillaume de Machaut (c. 1300-c. 1377)

O maior músico da *Ars Nova* foi o compositor francês Guillaume de Machaut, que escreveu grande número de motetos e canções. Muitas de suas peças foram baseadas ou calcadas em cantochão, mas muitas outras foram livremente compostas, de modo que podemos considerá-las inteiramente criadas por ele. Sua obra mais importante e de maior envergadura, a *Messe de Notre-Dame* [*Missa de Nossa Senhora*], é uma mistura de dois estilos. Machaut foi o primeiro compositor de que se tem notícia a fazer um arranjo polifônico completo da missa, forma de composição que logo se tornaria da maior importância e continuaria a sê-lo nos séculos seguintes. Uma missa é composta de cinco grandes partes: Kyrie, Gloria, Credo, Sanctus e Agnus Dei. Aqui, mostramos a partitura de Machaut referente à parte final do Sanctus, o Benedictus.

Isorritmo

Esse é o processo pelo qual Machaut compôs o seu Benedictus: antes de tudo veio a escolha de um cantochão para ser o tenor ou o **cantus firmus**, isto é, o canto básico sobre o qual ele construirá sua música. (Um compositor de *organum* chamaria essa parte de "voz principal".) Ao *cantus firmus*, Machaut aplica um tipo de desenho rítmico extremamente prolongado, que será repetido por toda a peça, tal como os compositores de Notre-Dame fizeram com as notas do tenor nas *clausulae*. Essa técnica tornou-se conhecida como **isorritmo** (ritmo-padrão) e cada seção de desenho rítmico foi chamada de **talea**. (Esse Benedictus compõe-se de cinco *taleas*.) E, finalmente, as demais vozes serão tecidas acima e abaixo do *cantus firmus* do tenor.

Hoqueto

Outra técnica muito apreciada pelos compositores medievais e percebida com grande clareza em sua música é o **hoqueto** (palavra que poderia perfeitamente traduzir-se por soluço). A melodia apresenta-se partida, formando frases muito curtas, chegando mesmo a ter pausas separando as notas. O hoqueto, geralmente, é compartilhado por duas vozes ou instrumentos, de modo a dar uma nítida impressão de diálogo sincopado.

Exercício 7

a) Que pontos de semelhança você encontra entre o Benedictus de Machaut e um *organum* de algum compositor da *Ars Antiqua*?
b) Em quais compassos da música mostrada acima foi usado o hoqueto?

John Dunstable (falecido em 1453)

Na primeira metade do século XV, muitos compositores do continente, como Guillaume Dufay da Borgonha, não só admiravam como até copiavam o estilo de compositores ingleses – principalmente John Dunstable. Aqui, damos a abertura de *How fair thou art* [*Que bela sois*], um moteto composto por Dunstable. Melodia, harmonia e ritmo, tudo nele flui com facilidade e concorre para uma textura rica e sonora. As diversas vozes, em estilo de nota contra nota, estão entrelaçadas cuidadosamente, sendo as dissonâncias planejadas, e não obra do acaso.

Fauxbourdon (Falso bordão)

Particularmente inglês é o uso do estilo **fauxbourdon** – uma cadeia de acordes construídos com intervalos de terças e sextas. As terças são também utilizadas nos intervalos melódicos da voz superior, quase sempre acompanhando as notas de acordes subjacentes. É uma música precursora das texturas já mais fluentes e ricas do estilo renascentista.

O tenor do moteto de Dunstable foi livremente composto e não tirado de um cantochão, e as palavras foram extraídas do Cântico de Salomão na Bíblia.

Quão bela e formosa sois, amada/ caríssima em delícias/ sois esguia, alta, graciosa com'a palma.
Vosso seio é como o fruto da videira

Principais características da música medieval

1. Uso de modos.
2. Texturas monofônicas: cantochão – melodias simples, sem acompanhamento ou notação rítmica; canções seculares e danças bem-ritmadas.
3. Texturas polifônicas: *organum* – peças elaboradas a partir de cantochãos preexistentes; motetos – composições resultantes da sobreposição de melodias e palavras, frequentemente trazendo problemas de desentrosamento.
4. Muitas composições baseadas em um *cantus firmus* tirado de um cantochão, mas algumas peças compostas de forma independente (por exemplo, *conductus*).

5. Na *Ars Antiqua*, ritmos tomados da poesia, mas, na *Ars Nova*, já mais flexíveis e ousados.
6. Tendência mais para sons contrastados do que combinados.
7. Os timbres característicos dos instrumentos medievais.
8. Maior preponderância dos intervalos harmônicos: uníssono, quarta, quinta e oitava. Intervalos de terças e sextas mais frequentes no fim do período medieval.

Exercício 8 Ouça uma das canções de Machaut, como *Douce Dame Jolie* ou *Foys Porter*, e anote as diferenças que encontrar entre essa peça e o Benedictus da *Messe de Notre-Dame*.

Exercício 9 Ouça uma peça no estilo *Ars Nova* do compositor cego italiano Francesco Landini – por exemplo, *Ecco la primavera*.
a) Que instrumentos acompanham as vozes?
b) A textura da peça é monofônica ou polifônica?
c) Que ingredientes musicais (descritos nas p.11 e 12) são mais evidenciados na peça?

Exercício 10 Diga, em poucas palavras, o que entende por: *troubadours*, *estampie*, movimento contrário, *cantus firmus* e moteto.

Exercício 11 Coloque em ordem cronológica os seguintes compositores: Dunstable, Pérotin, Léonin e Machaut.

Exercício 12 a) Descreva as diferenças entre uma textura monofônica e uma polifônica.
b) Dentre as peças medievais ouvidas indique uma monofônica e outra polifônica.

Exercício 13 Faça uma lista dos instrumentos medievais que você conhece, descrevendo cada um deles.

Exercício 14 Para você ter uma amostra viva do estilo da música medieval e também sentir-lhe o clima, tente formar um grupo e executar alguma peça, como *Danse Royale* (transcrita na p.18). Use os instrumentos que estiverem ao seu alcance, mas que tenham sons parecidos com os mencionados na mesma página.

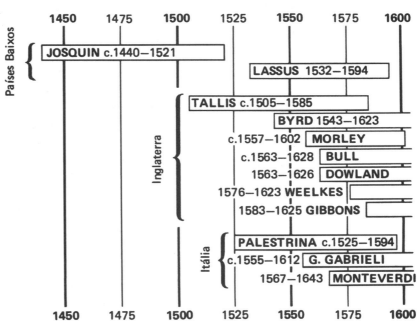

3
Música Renascentista (1450-1600)

O período da **Renascença** se caracteriza, na história da Europa Ocidental, sobretudo pelo enorme interesse devotado ao saber e à cultura, particularmente a muitas ideias dos antigos gregos e romanos. Foi também uma idade de grandes descobertas e explorações, a época em que Vasco da Gama, Colombo, Cabral e outros exploradores estavam fazendo suas viagens de descobrimento, enquanto notáveis avanços se processavam na ciência e na astronomia.

O homem explorava igualmente os mistérios de suas emoções e de seu espírito, desenvolvendo uma fina percepção de si próprio e do mundo ao seu redor. Em vez de aceitar os fatos por sua aparência, passou a observar e questionar – e começou a deduzir coisas por conta própria.

Todos esses fatores tiveram forte impacto sobre pintores e arquitetos, escritores e músicos; e, naturalmente, sobre aquilo que criavam.

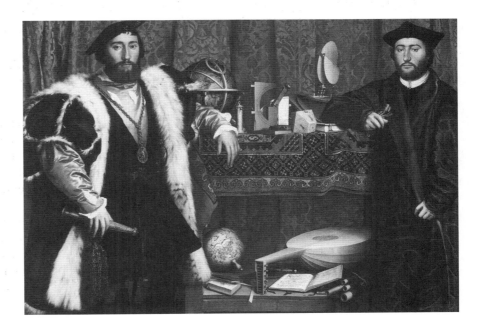

Música sacra

Na Renascença, os compositores passaram a ter um interesse muito mais vivo pela música profana, inclusive em escrever peças para instrumentos, já não mais usados somente com a finalidade de acompanhar vozes. No entanto, os maiores tesouros musicais renascentistas foram compostos para a Igreja, num estilo descrito como "polifonia coral" – música contrapontística para um ou mais coros, com diversos cantores encarregados de cada parte vocal. Boa quantidade dessa música devia ser cantada **a cappella**: era música essencialmente coral, cantada sem o acompanhamento de instrumentos.

Motetos e missas

As principais formas de música sacra continuaram sendo a missa e o moteto, escritos no mínimo para quatro vozes, pois os compositores começaram a explorar os registros abaixo do tenor, escrevendo a parte que agora chamamos de "baixo", e desse modo criando uma textura mais cheia e rica. A música ainda se baseava em modos, mas estes foram gradualmente sendo usados com maior liberdade, já que cada vez mais eram introduzidas notas "estranhas" ou "acidentais", ao que chamavam "musica ficta".

As técnicas medievais, como o hoqueto e o isorritmo, foram esquecidas, mas até 1550 as missas e motetos ainda tinham um **cantus firmus** a fundamentá-las. No entanto, em vez de um cantochão servindo de base melódica, os compositores passaram a usar canções populares!

Uma das diferenças mais marcantes entre os estilos medieval e renascentista é a textura musical, a maneira como o compositor trabalha o "tecido" de sua música. Enquanto o músico da Idade Média procura um jogo de contrastes construindo sua trama com fios distintos, dispostos um contra o outro, o renascentista visa a um tipo de tecido com os fios todos combinados. Em vez de uma textura em camadas, ele trabalha a peça gradativamente, atendendo a todas as partes vocais ao mesmo tempo, de modo a obter uma malha polifônica contínua.

Imitação

O elemento-chave nesse tipo de textura é chamado **imitação**, ou seja, a introdução, por uma voz, de um trecho melódico que, imediatamente depois, será repetido ou copiado por outra voz:

Hino: *Heare the voyce and prayer of thy servaunts* — *Thomas Tallis*

Nos finais de frases, onde a música pedia uma resolução interrompendo seu fluxo, o compositor geralmente introduzia nova modalidade de imitação: os acordes finais eram sustentados, enquanto uma das vozes surgia, trazendo nova ideia melódica, logo imitada por outra voz. Desse modo, a trama musical ia sendo tecida, sobrepondo-se um fio ao outro e criando-se um fluxo musical contínuo, sem "costuras" visíveis.

Embora, nessa música, o tecido polifônico seja o aspecto mais importante, a **harmonia**, por seu lado, também começava a ganhar corpo, com os compositores renascentistas cada vez mais conscientes do arcabouço vertical dos acordes que suportam a trama horizontal do contraponto. Uma das questões que mereceram especial atenção da parte deles foi o tratamento dos acordes dissonantes. Tudo isso veio ampliar em muito o campo da expressão musical.

Países Baixos e Itália

Bastante curioso na música da Renascença é o fato de os compositores que assumiram a vanguarda do pensamento musical serem quase todos dos Países Baixos, embora a Itália e a Inglaterra estivessem fadadas a ser, nos anos futuros, os centros musicais mais importantes da Europa. Muitos desses compositores saíram de sua terra para se estabelecerem em outros países, particularmente na Itália, onde ocuparam postos importantes, exercendo grande influência sobre os músicos locais.

Josquin des Près (Holanda; c. 1440-1521)

Os músicos de seu tempo referiam-se a ele como o "Príncipe dos Compositores", admirando-lhe a obra naquilo que esta tinha de profundamente comovedor, principalmente o modo especial como ele ressaltava o sentido das palavras no canto. Basta ouvir seu moteto *Absalon fili mi*, que constitui um arranjo rico, de tons sombrios, do episódio no qual Davi lamenta a morte de seu filho traiçoeiro, Absalão (como é contado na Bíblia):

Exercício 15

a) Como Josquin conseguiu dar ideia de um fluxo contínuo em sua música?
b) Na segunda metade, as palavras (cantadas duas vezes) significam: "Não permita mais que eu viva, deixe-me descer ao inferno, chorando." Como faz Josquin para ressaltar, de maneira muito especial, o sentido dessas palavras?

Palestrina (Itália; c. 1525-1594)

A polifonia coral vai atingir o máximo de sua beleza e expressividade durante a segunda metade do século XVI, na música de Palestrina (Itália), Byrd (Inglaterra) e Victoria (Espanha).

Procure ouvir a abertura do Agnus Dei da *Missa Papae Marcelli* [*Missa em memória do papa Marcelo*], de Palestrina, peça inteiramente original, sem qualquer *cantus firmus* fundamentando sua composição. A música é de uma beleza calma e serena. Palestrina a escreveu para seis vozes, tecendo com suavidade o seu contraponto numa textura fluente e contínua.

Eis dois trechos da melodia, ouvidos na imitação:

Exercício 16

Primeiro, procure ouvir uma parte da *Messe de Notre-Dame,* do compositor medieval Machaut. Depois, ouça novamente o Agnus Dei da *Missa Papae Marcelli*, de Palestrina. Descreva as diferenças que encontrar no estilo e na textura dessas duas obras. Por exemplo, pense no número de vozes, no uso dos instrumentos, nos sons (se estão contrastados ou combinados), na harmonia, no ritmo, no fluxo melódico, e se foram usadas técnicas especiais ou alguns artifícios musicais.

Corais alemães

Na Alemanha do século XVI, em que a Igreja Protestante, liderada por Lutero, procurava encontrar caminhos que levassem as pessoas a um contato mais direto com Deus, acabou se desenvolvendo a tradição de compor hinos para serem cantados em alemão por toda a congregação – em lugar dos corais cantados em latim. Tanto podiam ser músicas recentemente compostas como originar-se de cantochãos e até mesmo de canções populares adaptadas. Esses hinos são também chamados **corais**. Na Alemanha, um dos mais conhecidos, intitulado *Nosso Deus ainda é uma cidadela segura*, provavelmente é de autoria do próprio Lutero e ainda hoje é cantado nas igrejas protestantes.

A música vocal profana

Paralelamente ao desenvolvimento da música sacra renascentista, houve o rico florescimento das canções populares, surpreendentemente variadas em estilo e expressando todo tipo de emoções e estados de espírito. Umas têm a textura extremamente contrapontística, outras são construídas com acordes, soando num alegre e bem-ritmado tempo de dança. Dentre as várias modalidades de canções, incluem-se a **frótola** e o **madrigal** italianos, o **Lied** alemão, o **villancico** espanhol e a **canção** francesa.

Exercício 17

Na lista abaixo, encontram-se diferentes tipos de canções que foram populares durante a Renascença. Procure ouvir algumas delas e aponte os traços mais característicos notados na execução de cada uma. Por exemplo, a música é:
a) contrapontística com o emprego de imitação – ou sobretudo construída com acordes?
b) para um ou mais solistas – ou tem diversos cantores para cada parte vocal?
c) cantada com ou sem acompanhamento instrumental?

Frótola italiana	Josquin des Près: *El Grillo* [*O Grilo*]
	Trombocino: *Ostinato vo'seguire* [*Com obstinação, eu sigo*]
Lied **alemão**	Isaac: *Innsbruck, ich muss dich lassen* [*lnnsbruck, preciso deixar-te*]
	Senfl: *Entlaubet ist der Walde* [*O bosque está sem folhas*]
Villancico **espanhol**	Encina: *Oy comamos y bemamos* [*Comamos e bebamos hoje*]
	Alonso: *La tricotea* – canção de bebedeira, grosseira e humorística
Canção francesa	Passereau: *Il est bel e bon* [*Ele é belo e bom*]
	Jannequin: *Le chant de l'alouette* [*A canção da cotovia*]
Madrigal italiano	Monteverdi: *O primavera* [*Ó primavera*]
	Gesualdo: *Mille volte il di moro* [*Mil vezes por dia eu morro*]

Madrigais elisabetanos

Em 1588, uma série de madrigais italianos, com versos em inglês, foi publicada na Inglaterra. O fato causou grande entusiasmo e logo os compositores ingleses estavam compondo os seus próprios madrigais, que passaram a ser cantados nos lares de todas as famílias apaixonadas pela música. Em geral, eram composições com um solista para cada voz. Chegou a haver três tipos de madrigais na Inglaterra: o **madrigal tradicional**, o **balé** e o **ayre**.

O madrigal tradicional

Um madrigal desse tipo caracteriza-se por não ter refrão, isto é, possui música composta para cada linha do texto (embora os versos sejam frequentemente repetidos). Quase sempre é uma composição muito contrapontística, fazendo amplo uso da imitação. Isso faz com que todas as vozes tenham uma trama de igual importância na música, constantemente entrelaçando-se e seguindo com independência seus próprios ritmos, de modo a criar uma textura leve e flexível. Versos e música mantêm-se em estreita associação, e o compositor não perde ocasião para ilustrar musicalmente os significados de certas palavras. Por exemplo, a palavra "morte" seria cantada de modo áspero e dissonante, enquanto que uma frase como "alegres, corriam um atrás do outro" teria as vozes seguindo rapidamente uma após a outra, em imitação bem próxima.

Um dos maiores compositores de madrigais elisabetanos foi Thomas Weelkes. Dentre suas peças, uma das mais conhecidas é *As Vesta was from Latmos Hill descending* [*Quando Vesta descia a colina do Latmos*], escrita para seis vozes solistas. Os exemplos mais nítidos de ilustração musical ocorrem nos versos quatro a seis, que dizem:

To whom Diana's darlings came running down amain,
First two by two, then three by three together,
*Leaving their goddess all alone, hasted thither.**

Ouça: "*running down amain*" (as vozes diminuem ligeiramente); "*first two by two*" (vozes formando pares); "*then three by three*" (vozes em trio); "*together*" (todas as vozes); "*all alone*" (uma só voz).

Esse madrigal faz parte de *Os Triunfos de Oriana* – série de 29 madrigais, compostos por 26 compositores elisabetanos. Oriana era o nome poético atribuído a Elisabeth I. Todos os madrigais terminam com estes dois versos:

Then sang the shepherds and nymphs of Diana:
*"Long live fair Oriana!"***

O ballett

O **ballett** (equivalente ao *balletto* italiano) era às vezes, ao mesmo tempo, dançado e cantado. Seu estilo, mais leve que o do madrigal tradicional, apresenta um ritmo bem acentuado, como de dança, e a textura é principalmente trabalhada com acordes. Enquanto o madrigal tradicional era composto de alto a baixo, o ballet é estrófico – dois ou mais versos ajustados à mesma música (como em um hino). Sua característica principal é o refrão fá-lá-lá que aparece ao fim de cada parte. Exemplo desse tipo de madrigal é o ballett *Now is the Month of Maying*, de Thomas Morley.

Nesta ilustração do século XVI, cinco cantores são acompanhados por flauta, corneto, sacabuxa, viola, alaúde e virginais.

---

* "Para quem os favoritos de Diana desceram correndo/ Primeiro de dois em dois, depois de três em três, juntos,/ Deixando sua deusa sozinha, pela precipitação." (N.T.)

** "Então cantavam os pastores e as ninfas de Diana:/ 'Longa vida à bela Oriana'" (N.T.)

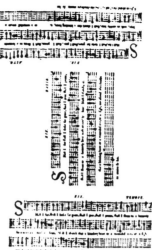

*Ayre de John Dowland.
A música foi impressa em três sentidos,
de modo que os executantes, sentados
à volta de uma mesa, pudessem
compartilhar o mesmo exemplar.*

Ayre O terceiro tipo de madrigal inglês é o *ayre* ou canção. Frequentemente, as partituras dessas músicas eram impressas ocupando duas páginas fronteiras de um livro, ou seja, a melodia ficava na página esquerda e as partes dos registros baixos, na direita. Sob a melodia, ficavam os versos e também um arranjo para alaúde das partes mais baixas.

O *ayre* podia ser executado de várias maneiras: um solo vocal com acompanhamento de alaúde; um solo vocal acompanhado por outros instrumentos, como as violas; ou com todas as partes executadas por vozes, com ou sem acompanhamento instrumental. No momento da execução, o livro era colocado sobre uma mesa, de modo que os cantores e instrumentistas, sentados à volta, pudessem compartilhar o mesmo exemplar.

O maior compositor de *ayres* foi John Dowland, também famoso nas cortes europeias como exímio alaudista. *Flow my teares* [*Rolam minhas lágrimas*], *ayre* de tons um tanto melancólicos, é uma de suas peças mais expressivas.

Exercício 18 Ouça diferentes tipos de madrigais e observe:
a) se a peça é estritamente vocal ou se há instrumentos acompanhando
b) se a textura é feita principalmente de acordes ou se é contrapontística com casos de imitação
c) se existem exemplos de ilustrações musicais

Música sacra na Inglaterra

Além de grande número de motetos e missas destinados à liturgia católica, os compositores elisabetanos também escreveram hinos para serem cantados por coros durante os cultos nas igrejas protestantes. O hino é a contrapartida do moteto, mas cantado em inglês, não em latim.

Há duas espécies de hinos: um, chamado **full anthem** (hino completo), é cantado pelo coro do princípio ao fim, sem acompanhamento instrumental. O outro, chamado **verse anthem** (hino em versos), é executado com acompanhamento de órgãos ou violas, e com um ou mais solistas que alternam suas vozes com as do coro.

Exercício 19 Procure ouvir um *full anthem* (hino completo), como o *Heare the voyce and prayer of thy servaunts*, de Thomas Tallis (sua abertura foi transcrita na p.24). Em seguida, procure ouvir um *verse anthem* de Orlando Gibbons.
a) Qual dos hinos é mais semelhante, em estilo, ao moteto? De que maneira?
b) No *verse anthem* de Gibbons, que tipo de voz é responsável pelo solo? E que tipos de instrumentos fazem o acompanhamento?

Veneza no século XVI

Estilo policoral

Na basílica de São Marcos, em Veneza, havia dois grandes órgãos e duas galerias para coro, situadas em ambos os lados do edifício. Isso deu aos compositores o ensejo de escrever peças para dois coros distintos. As composições nesse estilo são chamadas **policorais** – músicas para mais de um coro. Assim, uma frase vinda da esquerda é respondida por ela própria, ou talvez por outra, vinda da direita. E os efeitos obtidos eram ricos e muito poderosos, quando se combinavam todas as forças.

Os compositores venezianos gostavam muito de empregar instrumentos ao lado de vozes na música sacra e, com isso, podiam incluir em suas obras grupos de vários instrumentos, cada qual ligado ao seu próprio coro. Algumas das peças policorais mais impressionantes são as de Giovanni Gabrieli, que frequentemente escreveu para três, ou até mais, diferentes grupos tocando ao mesmo tempo.

A textura dessa música policoral é um misto do estilo homofônico com contraponto imitativo. E também existe a mistura da combinação com contraste – combinação de sons dentro dos grupos, mas contrastes de vários tipos entre os grupos. Por exemplo:
- de registro: sons altos contrapondo-se a sons baixos;
- de dinâmica: sonoridade *piano* opondo-se a *forte*;
- de textura: solos vocais ou instrumentais contra grandes grupos de músicos;
- de timbre: timbres brilhantes (ou coloridos) contrastados com outros, mais profundos e sombrios.

Exercício 20

Os efeitos antifônicos ouvidos na música policoral são o que poderíamos descrever, em nossos dias, como "estereofônicos" – e esse jogo de ideias musicais, passando de um lado para outro, pode ser nitidamente captado nas modernas gravações.
a) Procure ouvir um dos motetos ao estilo policoral de Gabrieli.
b) Quantos grupos contrastantes foram usados na obra?
   Quais são as principais diferenças entre uma peça policoral e uma composição *a cappella* de Palestrina?

Basílica de São Marcos, em Veneza, definida por um visitante como uma caverna de ouro incrustada de pedras preciosas, esplendidamente sombria, mas brilhante com todo o seu mistério.

Música instrumental

Até o começo do século XVI, os instrumentos eram considerados muito menos importantes do que as vozes. Usavam-nos apenas em peças de dança e, naturalmente, também como acompanhamento de canto, mas nessa função nada faziam senão duplicar a voz, isto é, tocar a mesma música do canto ou, talvez, na ausência de certos cantores, assumir a parte correspondente a estes. Contudo, durante o século XVI, os compositores passaram a ter cada vez mais interesse em escrever músicas para instrumentos – não apenas danças, mas peças destinadas a serem simplesmente tocadas e ouvidas.

Tanto na Idade Média como na Renascença, os instrumentos se dividiam em dois grandes grupos: os instrumentos *bas* ("baixo" ou "suave"), destinados à música doméstica, e os *haut* ("alto"), para serem tocados em igrejas, grandes salões ou a céu aberto. Alguns poucos, pela qualidade do som produzido, pertenciam às duas categorias.

Instrumentos renascentistas

Certos instrumentos, como as charamelas, as flautas e alguns tipos de cornetos medievais, continuavam populares. Outros, como o alaúde, foram modificados e aperfeiçoados. E, naturalmente, muitos foram inventados.

Alaúde — o braço do alaúde renascentista foi entortado para trás, as cordas passaram a ser afinadas em pares uníssonos e o instrumento recebeu trastes, filetes de metal que indicam o lugar dos dedos, tal como na guitarra

Violas — tinham tampo abaulado e fundo chato; seis cordas passando por um braço dotado de pontos; as violas eram mais tocadas na posição vertical, à frente do executante, do que sob o queixo

Cromorne — instrumento de madeira, com pequeno tampão encobrindo uma palheta dupla, produzia um som suave, mas um tanto agudo

Cervelato — instrumento de palheta dupla e sons graves; tinha um tubo comprido, enroscado dentro de um cilindro medindo aproximadamente 30 centímetros.

Sacabuxa — foi o antepassado do trombone de vara; tinha, entretanto, uma campana menos bojuda e produzia som mais melodioso e cheio

Trompete — na Renascença, seu tubo foi dobrado, fazendo voltas, ficando assim mais fácil de ser manejado. Até o século XIX, enquanto ainda não havia sido inventado o sistema de válvulas, foi instrumento de poucas notas, obtidas exclusivamente através da pressão dos lábios

Instrumentos de percussão — incluíam tamboril, tambor, tímpano, caixa clara, triângulo e címbalo.

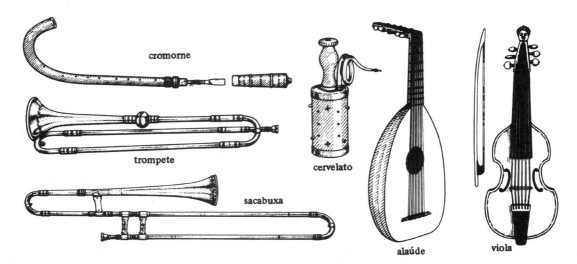

Muitos instrumentos, como flautas, violas, charamelas e cromornes, eram produzidos em famílias – o mesmo instrumento era fabricado em diferentes tamanhos de modo a haver, dentro de cada família, uma variedade de registros, mas em diversas afinações. Na Inglaterra, uma família de violas ou de flautas era conhecida como *chest*,* pois era esse o lugar onde se costumavam guardar tais instrumentos, quando não estavam sendo usados. Os elisabetanos designa-

---

* Literalmente, estante. (N.T.)

Consorts ingleses

vam um grupo de instrumentos tocando em conjunto por **consort** (palavra de significado semelhante a "concerto"). Quando os instrumentos eram da mesma família – por exemplo, da família das violas, das flautas etc. –, tinha-se um **whole consort**, e quando eram de famílias diferentes, um **broken consort**,* já que a uniformidade dos sons fora "quebrada".

Exercício 21

Procure ouvir músicas elisabetanas para *broken consort*, como, por exemplo, *Lavolto e La Coranto*, de Thomas Morley, e procure identificar os instrumentos que estão tocando.

A música de dança era escrita em ritmos bem-marcados e frases bem-delineadas, que geralmente se repetiam de modo a proporcionar vários passos de dança. Já em outros tipos de música, a tendência dos compositores era tomar como modelo peças de canto e tratar os instrumentos como se fossem vozes.

Canzona

Os italianos tinham preferência pela **canzona da sonar** (canção para instrumentos). Muitas foram calcadas em canções já existentes, ou, quando não, foram pelo menos escritas em forma muito semelhante ao estilo da música vocal, estruturada em partes curtas e contrastadas. As *canzonas*, mais tarde, passaram frequentemente a ser escritas para dois ou mais grupos de instrumentos, ao estilo do policoral veneziano usado na música sacra.

Ricercar

Outro tipo de peça que tomou o seu estilo da música vocal foi o **ricercar**. Essa palavra italiana significa "procurar", "descobrir" – neste caso as possibilidades de tratar ideias melódicas usando amplamente a imitação, em estilo semelhante ao do moteto. Mais genuinamente instrumental em estilo era a **tocata** para órgão ou cravo. A palavra deriva do verbo tocar, em italiano, e, com efeito, essa é uma forma de música que exige bastante habilidade com os dedos.

Tocata

Na Inglaterra, certas músicas eram consideradas próprias para serem tanto tocadas como cantadas, e podiam trazer impressa a indicação "para canto ou violas". Certas peças, entretanto, são decididamente instrumentais, escritas com a finalidade de atender às exigências particulares e aos timbres característicos de determinado instrumento.

Variações e baixo ostinato

Havia variações sobre melodias populares como "Greensleves" ou "Sellenger's Round", e aquelas baseadas em um **ostinato** – melodia repetida continuamente no baixo, com os elementos musicais variando na parte de cima.

Fantasia e "In nomine"

Encontramos também o título **fantasia**. Tratava-se de peças marcadamente contrapontísticas, com grande dose de imitação entre as partes. Uma forma especial de fantasia era o **In nomine**, peça de *cantus firmus* construída em torno do cantochão "Gloria tibi Trinitas", tal como foi usado por John Taverner no Benedictus de sua missa:

Na peça *In Nomine for Five Viols*, de William Byrd, o *cantus firmus*, expresso por notas extremamente prolongadas, vem escondido na textura, enquanto as outras partes se vão desenvolvendo independentemente em torno dele.

---

* *Whole* e *broken*, em português, respectivamente, inteiro e quebrado. (N.T.)

A música elisabetana para teclado

Em muitos lares elisabetanos, além de flautas, alaúdes e violas, havia também um instrumento de teclado como um pequeno órgão, ou um clavicórdio, cujas cordas eram batidas por diminutas cunhas de metal (tangentes), ou um Virginal, o mais popular dos instrumentos de teclado. Este, na verdade, era uma forma simplificada do cravo, pois, para cada nota, tinha uma só corda que corria paralelamente ao teclado.

A maioria dos compositores elisabetanos escreveu peças para Virginal. Logo descobriram um bom estilo para teclado, bem condizente com o instrumento: acordes espaçados, ornamentos cintilantes, muitas escalas corridas e passagens virtuosísticas. Das muitas coleções de peças para Virginal, as mais conhecidas são *Parthenia* – "a primeira música jamais impressa para Virginal" –, que compreende 21 composições de Byrd, Bull e Gibbons, e *The Fitzwilliam Virginal Book*, com quase 300 peças de muitos compositores elisabetanos.

Algumas dessas composições, como as fantasias, são em estilo contrapontístico. Outras são arranjos de canções populares da época, e muitas são músicas de dança, como as *allemandes* e as *courantes*. Com frequência encontramos danças escritas aos pares, com contraste de clima e ritmo – uma pavana lenta e solene no seu ritmo binário, seguida de uma feérica galharda em três tempos.

Bom exemplo é a pavana e galharda *The Earle of Salisbury*, de William Byrd, escrita em homenagem ao secretário de Estado de Elisabeth I.

Uma forma de estruturação muito apreciada pelos elisabetanos era fazer com que cada parte da música fosse seguida por uma repetição mais ornamentada, ou variada. *Tower Hill*, de Giles Farnaby, baseia-se em uma melodia popular que certamente foi assoviada por muito rapazola errante dos tempos elisabetanos. Fanaby apresenta a melodia em duas partes, cada qual seguida por sua respectiva variação:

A (dois compassos), variação de **A** (dois compassos): **B** (quatro compassos), variação de **B** (quatro compassos).

O compositor podia escrever uma longa trama de variações sobre uma melodia, fazendo-as crescer gradualmente em interesse através do uso de ornamentos, notas repetidas e motivos rápidos e ligeiros alternando-se pelas duas mãos. Exemplo disso é *The King's Hunt* [A caçada do rei], de John Bull, que, além de compositor, era exímio tocador de Virginal. Trata-se de música **programática** ou descritiva, que evoca a cena e os sons de uma caçada: o barulho dos arreios, a correria dos cavalos e os toques dos instrumentos de caça.

Exercício 22 Procure ouvir música elisabetana para teclado. Ao ouvir, procure identificar que espécie de instrumento está sendo tocado e também que tipo de música – uma dança, uma série de variações ou talvez uma peça de estilo contrapontístico.

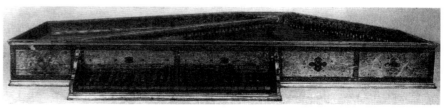

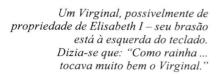

Um Virginal, possivelmente de propriedade de Elisabeth I – seu brasão está à esquerda do teclado. Dizia-se que: "Como rainha ... tocava muito bem o Virginal."

Principais características da música renascentista

1. A música ainda se baseia em modos, mas estes são gradualmente tratados com maior liberdade, à medida que vai aumentando o número de "acidentes" introduzidos.
2. Texturas mais cheias e ricas em músicas escritas para quatro ou mais vozes; a parte do baixo vocal é acrescida à do tenor.
3. Na textura musical, usa-se mais a combinação do que o contraste.
4. Harmonia: maior preocupação com o fluxo e a progressão dos acordes, com as dissonâncias sendo tratadas de forma menos rígida.
5. Música sacra: algumas peças destinadas à execução *a cappella*, frequentemente contrapontísticas, com muita imitação e nas quais os elementos musicais estão combinados e entrelaçados de modo a se criar uma textura de fluxo contínuo, sem remendos; outras músicas de igreja acompanhadas por instrumentos – por exemplo, peças policorais em estilo antifônico ("estéreo"), muitas vezes envolvendo fortes contrastes musicais.
6. Música profana: rica variedade de músicas de canto, de danças e de peças instrumentais – muitas copiando o estilo vocal, mas outras genuinamente ligadas a instrumentos, não a vozes.
7. Os timbres característicos dos instrumentos renascentistas – muitos formando famílias (um mesmo instrumento em diversos tamanhos e tons).

Exercício 23

Coloque os seguintes compositores segundo a ordem de nascimento; em seguida, cite uma composição de cada um deles:
( ) Josquin des Près   ( ) Gibbons   ( ) Dunstable
( ) Palestrina   ( ) Machaut

Exercício 24

Procure ouvir uma *canzona* de Gabrieli para dois ou mais grupos de instrumentos. Ao fazê-lo:
a) identifique os instrumentos que compõem cada um dos grupos
b) assinale os diferentes tipos de contrastes musicais que ouvir

Exercício 25

Explique o que entende por: *a cappella*; imitação; *ayre*; ilustração musical; *canzona*; Virginal.

Exercício 26

Na música instrumental, particularmente nas danças, os compositores renascentistas frequentemente deixavam para os músicos a escolha dos instrumentos. Procure ouvir danças de um compositor da Renascença, como Susato, que publicou uma série de músicas com a indicação "agradáveis e apropriadas para qualquer tipo de instrumento", e tente:
a) identificar os principais instrumentos
b) colocar os instrumentos em colunas correspondentes às seguintes rubricas: cordas friccionadas com arco; cordas tangidas; madeiras; metais; percussão

Exercício 27

Descreva a diferença entre:
a) um *whole consort* e um *broken consort*
b) um corneto e uma sacabuxa
c) um moteto e um *verse anthem*
d) um madrigal tradicional, um *ayre* e um balé

Exercício Especial A

Este exercício exige certo faro, como se você fosse um detetive musical! Nos dois quadros abaixo, você irá encontrar várias espécies de músicas pertencentes tanto à época medieval como à Renascença.

Sua tarefa é ouvir um programa constituído por algumas dessas peças – tiradas de ambas as listas, mas postas em uma ordem diferente daquela que aí está. Procure ouvir e tente identificar o estilo (medieval ou renascentista) de cada peça e também o tipo de música que está sendo tocado.

Medieval	**Renascença**
• um cantochão • um *organum* escrito por compositor de Notre-Dame • uma canção de *troubadour* • uma *estampie* ou um *saltarello* • parte da *Messe de Notre-Dame*.	• parte de uma missa de Palestrina • um madrigal elisabetano • um moteto policoral composto para a basílica de São Marcos, em Veneza • uma peça tocada para um *whole* ou *broken consort*

Antes de ouvir: Reavive a memória revendo as principais características dos estilos medieval e renascentista, nas p.21-22 e 33.

Ao ouvir: Anote todas as características de estilo que descobrir e também outros detalhes das músicas que lhe pareçam interessantes.

Fazendo a si próprio as seguintes perguntas, você terá as principais "dicas" musicais que o ajudarão a fazer sua identificação:

a) Que tipo de forças é utilizado na música? Vozes? Ou instrumentos? (Neste caso, de que espécie?) Ou não será a conjugação de vozes e instrumentos? São poucos os executantes? Ou é um grupo numeroso?

b) De que espécie é a peça? Com que intenção foi composta? É sagrada ou profana? Para o culto ou comemoração? Ou para o entretenimento nas casas e castelos?

c) Que tipo de textura tem a música? Monofônica ou polifônica? Ou, talvez, à base de acordes? A música foi construída em seções distintas? Ou a textura flui sem interrupção, talvez em trama cerrada com a imitação?

Depois de ouvir: Ponha em ordem tudo o que descobriu e faça um breve relatório sobre cada peça do programa, dando:

a) o período musical durante o qual a música foi composta (Idade Média ou Renascença)

b) o tipo de peça, com detalhes sobre as forças necessárias a sua execução

c) todas as outras "dicas" que você descobriu enquanto ouvia a música e que o ajudaram na identificação

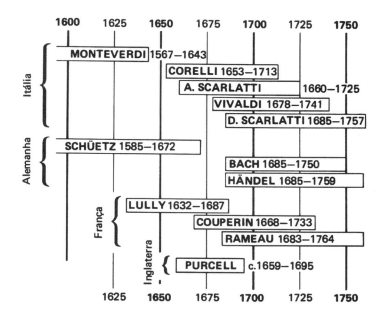

4
Música
Barroca

A palavra "barroco" é provavelmente de origem portuguesa, significando pérola ou joia de formato irregular. De início, era usada para designar o estilo da arquitetura e da arte do século XVII, caracterizado pelo emprego excessivo de ornamentos. Mais tarde, o termo passou a ser empregado pelos músicos para indicar o período da história da música que vai do aparecimento da ópera e do oratório até a morte de J.S. Bach.

Foi durante o século XVII que o sistema de modos acabou por ruir de vez. Os compositores foram se acostumando a sustenizar e bemolizar as notas, daí resultando a perda de identidade dos modos, que, por fim, ficaram reduzidos a apenas dois: o jônio e o eólio (v. p.13). Daí se desenvolveu o sistema tonal maior-menor sobre o qual a harmonia iria basear-se nos dois séculos seguintes.

O século XVII também assistiu à invenção de novas formas e configurações, inclusive a ópera, o oratório, a fuga, a suíte, a sonata e o concerto.

A família do violino veio substituir a das violas e a orquestra foi gradualmente tomando forma, com as cordas constituindo uma seção de peso em sua organização – embora as outras seções ainda não estivessem bem padronizadas.

Todas essas experiências e modificações prepararam o terreno para os dois gigantes do barroco tardio: Bach e Händel.

Os cenários para as óperas barrocas frequentemente reproduziam a decoração pesada e muito ornamentada da arquitetura desse período.

Em Florença, na Itália, durante o último quartel do século XVI, um grupo de escritores e músicos que deram a si próprios o nome de *Camerata* chegaram à conclusão de que o elaborado tecido contrapontístico da música de canto obscurecia o sentido das palavras. Estas – pensavam eles – deveriam ter sempre mais importância do que a música, cuja função é exprimir-lhe o plano

Monodia

afetivo – as emoções e os estados de alma. Assim foi que começaram a fazer experiências com um estilo mais simples, que chamaram **monodia**: uma única linha vocal, sustentada por uma linha de baixo instrumental, sobre a qual os acordes eram construídos.

Recitativo

A linha melódica vocal ondulava de acordo com o significado do texto, e acompanhava de perto o ritmo da pronúncia natural das palavras. Foi esse estilo – meio cantado, meio recitado – que ficou conhecido como **recitativo**. O acompanhamento era extremamente simples. Tudo que o compositor escrevia sob a melodia resumia-se a uma linha do baixo que devia ser tocada por algum instrumento grave de corda, como o *cello*, por exemplo. A essa linha se deu o nome de **baixo contínuo**, já que ela "continuava" por toda a peça. Mas o compositor tinha necessidade de outro instrumento, como um órgão ou cravo, para estruturar os acordes sobre a linha do baixo e preencher as harmonias. Todos esses acordes deveriam ser improvisados, o que deixava a música muito na dependência do talento e da musicalidade do instrumentista. Naturalmente, as notas do baixo contínuo forneciam algumas pistas, além de o compositor usar, muitas vezes, sob estas, certos números que expressavam os acordes que tinha em mente. Por isso, essa linha do baixo é também chamada **baixo cifrado**. A ideia de um acompanhamento fornecido por instrumentos *contínuos*, tocando a partir do baixo cifrado, estava fadada a permanecer por todo o período barroco, e viria a constituir a base da harmonia e da textura de praticamente todo tipo de música.

Baixo contínuo ou baixo cifrado

Exercício 28

A princípio, a música escrita no estilo monódico foi chamada *La Nuove Musiche* [*A nova música*], nome tirado do título de uma coletânea de peças para canto publicada em 1602 por Giulio Caccini. Mostramos aqui um trecho de "Amarilli", uma das canções da série.

[as notas menores indicam os acordes sugeridos pela linha do baixo cifrado notada por Caccini]

a) Que instrumento toca a parte do baixo contínuo em "Amarilli"?
b) Que instrumento contínuo fornece os acordes?
c) É homofônica ou polifônica a textura da música?

As primeiras óperas

Em 1597, essas novas ideias foram aplicadas a todo um drama musical – que poderíamos considerar a primeira **ópera**. Era *Dafne*, que, como muitas óperas que iriam surgir nos dois séculos seguintes, se baseava em uma antiga lenda grega. A música, de Jacopo Peri, infelizmente se perdeu, dela restando apenas alguns fragmentos. A primeira ópera a nos chegar na íntegra foi *Eurídice*, composta por Peri e Caccini.

Outras óperas foram aparecendo, e a ideia se tornou cada vez mais popular. As primeiras incluíam pequenos coros, danças e peças instrumentais, com uma textura de acordes simples, a cargo de uma "orquestra" não muito grande, formada por instrumentos reunidos mais ou menos ao acaso. Os longos trechos de recitativos, entretanto, tendiam a soar monótonos. Para a ópera sobreviver, seria preciso um gênio que viesse trazer um sopro de vida e emoção ao estilo. E este foi Claudio Monteverdi, cuja vida transcorreu no final do século XVI, princípio do século XVII.

O "velho" e o "novo" estilo

Claudio Monteverdi (Itália, 1567-1643)

A nova monodia, com sua guinada em direção a uma melodia construída à base de acordes simples, foi considerada extremamente revolucionária e rotulada como **stile moderno**. Entretanto, boa parcela das obras dessa época – sobretudo as composições sacras – ainda era escrita ao estilo contrapontístico, agora designado como *stile antico*. Alguns compositores, inclusive Monteverdi, usaram ambos.

O *Orfeo* de Monteverdi, composto em 1607, é de fato a primeira grande ópera, com uma música que realmente acentua o impacto dramático da história. Usando intervalos cromáticos e espaçados na parte do canto, enquanto o acompanhamento fornece inesperadas harmonias, incluindo frequentes dissonâncias, Monteverdi, nas partes recitativas, faz vir à tona todo um plano de fortes emoções. Em sua ópera, existem coros pequenos mas dramáticos, e também peças instrumentais onde introduz corajosamente novas combinações de timbres. Sua orquestra compunha-se de uns 40 instrumentos, amplamente variados (incluindo os violinos, que começavam a tomar o lugar das violas – embora, por algum tempo, tocassem lado a lado).

Exercício 29

Procure informar-se sobre a história de Orfeu (Orfeu e Eurídice). Em seguida, ouça um trecho da ópera de Monteverdi, como a segunda metade do Ato IV. Ela se passa no inferno e nela há um coro de espíritos e uma **ária** (canção), "Qual onor", cantada por Orfeu. Aqui, a melodia, na parte de cima, variada em cada verso, é repetida de forma idêntica no baixo. Observe como o ritmo e a linha do baixo dão a impressão de estar impelindo a música continuamente para a frente. (Justamente esse tipo de movimento intencional da linha do baixo é que iria tornar-se uma das marcas registradas do estilo barroco.) Antes de cada verso da ária, ouvimos um **ritornello** ("retorno") instrumental.

Depois dessa ária, seguem-se passagens recitativas, quando Orfeu se volta para lançar um olhar a Eurídice – e, com isso, a perde para sempre.

Ah, Eurídice/ Visão tão doce... e tão amarga/ Por amar demais/ Perdeu-me você?

a) Que instrumentos tocam o *ritornello* na ária de Orfeu?
b) Quais são os instrumentos *contínuos* usados nas passagens recitativas?
c) Como faz Monteverdi para introduzir elementos dramáticos e emocionais nos recitativos?
d) Essa cena termina com uma *sinfonia* (isto é, uma "combinação de sons"). Identifique alguns dos instrumentos usados.

Recitativo e ária

Mais tarde, os compositores do século XVII continuaram a usar o recitativo como forma de apressar o relato da história, embora dando maior importância às árias (canções) que mostrassem o pensamento e as emoções dos personagens, na medida em que estes iam sendo afetados pelo desenrolar dos acontecimentos. Havia duas espécies de recitativos: o **secco**, quando a fala era sustentada apenas por acordes simples no contínuo; e o **strometato** ou **accompagnato**, usado quando o compositor sentia que a natureza dramática das palavras exigia o reforço de um acompanhamento orquestral simples. A orquestra também tinha suas próprias peças para tocar e algumas óperas contavam ainda com a presença de coros. Enquanto o recitativo tirava seus ritmos do discurso, as árias e coros frequentemente usavam os da dança.

A abertura italiana

O mais popular dos compositores italianos de ópera, ao final do século XVII, era Alessandro Scarlatti. Suas óperas muitas vezes se iniciavam com uma abertura dividida em três partes: rápida-lenta-rápida. Esse esquema tornou-se conhecido como **abertura italiana**, e sua importância reside no fato de que a partir dele se desenvolveria a sinfonia clássica.

A ária *da capo*

Scarlatti planejava suas árias segundo a forma **da capo**, vale dizer, uma forma ternária (ABA), mas na qual só se escreviam as duas primeiras seções. Ao final da seção B, o compositor escrevia *da capo* (ou simplesmente *D.C.*), significando "a partir do começo". Na repetição da primeira parte (A), esperava-se que o cantor ou a cantora desse sua contribuição pessoal, introduzindo ornamentos vocais.

A abertura francesa

Na França, os principais compositores de ópera eram Lully e Rameau. Lully tornou-se músico da corte de Luís XIV, o "Rei Sol". Suas óperas iniciavam-se com a **abertura francesa**: um início lento e majestoso, de ritmo incisivo e pontuado, levando a uma seção mais rápida, com o emprego da imitação. A isso se seguia uma ou mais danças, ou talvez uma repetição da lenta seção inicial. As óperas francesas geralmente incluíam o ballet: uma espetacular sequência de danças, com ricas fantasias e magníficos cenários, dos quais, muitas vezes, o próprio rei fazia parte.

A ópera barroca na Inglaterra

A Inglaterra mostrou-se lenta na adoção do gênero. A única ópera inglesa do século XVII é Dido e Eneias, de Henry Purcell, por sinal, uma pequena obra-prima. Seu ponto alto está no recitativo de Dido, "Thy hand, Belinda" ("Vossa mão, Belinda"), que, em seguida, leva ao profundo e comovedor lamento: "When I am laid in earth..." ("Quando eu jazer na terra..."). Para essa passagem, Purcell usa o baixo **ostinato**, sua forma predileta.

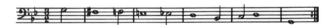

Quando Händel chegou à Inglaterra, em 1710, o público inglês já havia tomado gosto pela ópera italiana, e ele imediatamente passou a tirar partido desse fato, compondo, nos anos que se seguiram, cerca de 30 ou mais óperas à italiana. Como exemplo do que há de melhor na ópera barroca, ouça alguma ária de uma ópera de Händel, como "Piangero", de *Giulio Cesare*, ou "Dove sei", de *Rodelinda*.

Exercício 30

Procure ouvir o lamento de Dido da ópera *Dido e Eneias*, de Purcell, e uma ária operística de Händel. Que diferença você nota entre uma e outra, em termos de estrutura e concepção musical?

Oratório

Nascido mais ou menos à mesma época que a ópera, o **oratório** é outra importante forma de música vocal. O nome vem do Oratório de São Felipe de Néri, em Roma, onde foram apresentadas as primeiras composições desse tipo. De início, os oratórios eram muito semelhantes às óperas. Compunham-se de recitativos, árias e coros e apresentavam cenários e fantasias. A principal diferença é que os oratórios se baseavam em histórias sacras, geralmente tiradas da Bíblia. Com o decorrer dos anos, porém, os oratórios deixaram de ser representados, passando a constituir apenas apresentações musicais, preferentemente realizadas em igrejas ou salas de concerto.

Os principais compositores de oratórios no século XVII foram o italiano Carissimi (1605-1674) e o alemão Schütz (1585-1672). Mas os maiores oratórios do período barroco são os de Händel, compostos durante a primeira metade do século XVIII, com texto em inglês. Os mais belos são *Israel in Egypt* [*Israel no Egito*], *Samson* [*Sansão*] e o *Messias* – o mais popular de todos. Tal como em suas óperas, Händel usa o recitativo para expor o encaminhamento da história, reservando as árias para os momentos de introspecção. Em alguns oratórios, ele dá grande peso e importância aos coros, que descrevem com nitidez os acontecimentos mais dramáticos da história. Um emocionante exemplo disso é o coro de *Israel no Egito*: "He gave them hailstones for rain; fire mingled with blood ran along upon the ground."*

Exercício 31   Ouça a sequência de recitativos do *Messias* que fala do nascimento de Cristo, começando por "There were shepherds abiding in the field" ["Havia pastores aguardando nos campos"]. Descreva o acompanhamento que Händel compôs para esses recitativos e também para o coro que se segue: *"Glory to God"* ["Glória a Deus"].

Paixão   Bach compôs o *Oratório de Natal*, e também três versões da *Paixão* – forma muito especial de oratório que conta a história da crucificação de Cristo.

Corais   Nessas obras, além de recitativos, árias e coros, Bach incluiu **Corais** (hinos alemães), que usou em pontos-chave para intensificar os momentos mais solenes e comovedores da história.

Exercício 32   Da *Paixão Segundo São Mateus*, de Bach, ouça a parte que descreve os últimos momentos da crucificação. Aí se encontram o recitativo "Ah, Gólgota!", a ária "Veja os braços estendidos do Senhor" e o coral "Se eu jamais vier a vos perdoar".
   Ao ouvir, descubra e anote:
   a) dois tipos diferentes de recitativo;
   b) os instrumentos contínuos que acompanham esses recitativos;
   c) outros instrumentos que Bach utilizou na orquestra;
   d) dois modos especiais de ele empregar o coro em sua música;
   e) a diferença de textura – e de efeito musical e dramático – entre o coral e a música precedente.

Cantata   Bach fambém compôs mais de 200 **cantatas** sacras. São obras para solistas e coro, acompanhados por orquestra e contínuo, lembrando um oratório em miniatura. Frequentemente, as cantatas de Bach começam com um coro pesado, prosseguem com recitativos, árias e duetos para os solistas, e terminam com um coral luterano. Magnífico exemplo de cantata é a N.140, baseada no coral *Wachet auf* [Acordai, sonolentos].

Música instrumental   Durante o período barroco, a música instrumental passa a ter, pela primeira vez, a mesma importância que a vocal. Os compositores ainda usavam formas popularizadas na Renascença, como a *canzona*, o ricercar, a tocata, a fantasia e as variações (agora incluindo formas como a chacona e a *passacaglia*). A estas vieram somar-se diversas outras formas e concepções, novas e importantes, como a fuga, o prelúdio coral, a suíte, a sonata e o concerto.

---

* "Por chuva, Ele lhes deu granizo; o fogo misturado ao sangue corria pela terra." (N.T.)

Fuga A **fuga** é uma peça contrapontística que se fundamenta essencialmente na técnica de imitação. Geralmente, é escrita para três ou quatro partes, chamadas "vozes" (não importando o fato de a peça ser vocal ou instrumental). Estas são referidas como soprano, alto, tenor e baixo.

A detalhada estrutura de uma fuga pode ser um tanto complicada, mas, basicamente, a ideia é a seguinte: toda a peça se desenvolve a partir de uma melodia razoavelmente curta, mas de acentuado caráter musical. A essa melodia se dá o nome de **tema** (no sentido de "tema de uma discussão"). Este aparece pela primeira vez em uma só voz. Depois, é imitado pelas outras vozes, cada qual de uma vez e em sua altura adequada:

Durante toda a fuga, o tema – ora em uma voz, ora em outra – aparece em novas tonalidades. Essas entradas são separadas por seções denominadas episódios. O compositor tanto pode fundamentar o episódio em uma ideia tirada do próprio tema, como valer-se de novos motivos musicais.

Podemos perceber as origens da fuga no estilo imitativo presente em quase toda a música vocal renascentista (ver a peça de Tallis na p.24), e também na *canzona* e no ricercar instrumentais. Durante o barroco tardio, a ideia foi levada à perfeição por Händel e, sobretudo, Bach, que compôs magníficas fugas para órgão, uma coleção de 48 Prelúdios e Fugas para cravo ou clavicórdio [conhecida entre nós como *O Cravo Bem-temperado*], além de *A Arte da Fuga*.

A palavra **fuga** dá ideia de vozes escapando ou se perseguindo, cada vez que entram com o tema. Pode acontecer de um compositor escrever uma peça ao **estilo de fuga**, sem que esteja compondo uma fuga completa.

Exercício 33 Ouça na íntegra a Fuga em dó menor (N.2 de *O Cravo Bem-temperado*) e assinale o número de vezes em que o tema aparece.

Exercício 34 Como exemplo de fuga cantada, ouça o coro "He trusted in God" ["Ele confiou em Deus"] do *Messias* de Händel. Em que ordem as vozes do coro entram com o tema da fuga?

Prelúdio coral Um tipo de peça para órgão muito apreciado, sobretudo na Alemanha, foi o **prelúdio coral**, baseado, como indica o nome, numa melodia coral. O compositor podia tratar a melodia escolhida no estilo de fuga, ou fazer variações sobre ela ou ainda tecer, à sua volta, uma ou mais linhas melódicas. Como exemplo, temos o prelúdio coral *Wachet auf*, de Bach – na verdade, um arranjo para um dos movimentos de sua cantata de mesmo nome.

Como indicam as notas compreendidas entre as chaves, Bach toma um fragmento do coral (música A) para, a partir deste, construir uma melodia bem-ritmada (música B), que ele tece por toda a peça, dando ideia de um fundo para a melodia do coral.

A suíte

Os compositores da Renascença algumas vezes ligavam uma dança a outra (por exemplo, a pavana e a galharda). Os compositores barrocos ampliaram essa concepção, chegando à forma da **suíte**: um grupo de peças para um ou mais instrumentos. Houve muitas suítes escritas para cravo, e o esquema mais comum acabou abrangendo uma série de quatro danças de diferentes países:

- uma **allemande**, no compasso 4/4, de andamento moderado;
- uma **courante** francesa, no compasso 6/4 ou 3/2, moderadamente rápida; ou
- uma **corrente** italiana, em 3/4 ou 3/8, bem mais rápida;
- uma **sarabanda** espanhola, em vagaroso compasso ternário, quase sempre com os segundos tempos acentuados;
- uma alegre **giga**, geralmente em tempos compostos (por ex., 6/8).

Entretanto, antes ou depois da giga, o compositor podia introduzir uma ou mais danças, como o **minueto**, a **bourrée**, a **gavota** ou o **passe-pied**. E algumas vezes a suíte começava por um **prelúdio** (ou peça de abertura).

Todas as peças de uma suíte guardam a mesma tonalidade e estão na forma binária: duas seções, A e B, normalmente repetindo-se. No entanto, os compositores franceses, como Couperin, gostavam de incluir em suas suítes peças na forma de um **rondó**, em que um tema principal se alterna com episódios contrastantes (**A B A C A** ...).

A suíte é às vezes conhecida por outros nomes. Purcell chamava as suas de "lições"; Couperin preferia o nome "ordem"; e Bach, apesar de ter composto as seis *Suítes Inglesas* e as seis *Suítes Francesas*, usou às vezes também a designação "partita".

Cravo de duplo teclado, fabricado em Londres no ano de 1721.

Exercício 35

Ouça a sarabanda e a giga da Suíte XI para Cravo de Händel.
a) O plano básico da sarabanda é a forma binária sem repetições. Qual o recurso usado por Händel para aumentar a peça?
b) Em que forma está a giga? Binária, ternária, rondó ou variações?

Sonatas barrocas

A palavra **sonata** vem do latim **sonare**, que significa "soar"; por conseguinte, é uma peça para ser tocada (em oposição à **cantata**, música para ser cantada). Boa parcela das sonatas barrocas foi composta para dois violinos e contínuo (um *cello* e um cravo, por exemplo). Os compositores chamavam essas peças de **trio-sonatas**; referindo-se às três linhas de música realmente impressas (os dois violinos e o baixo cifrado), embora, de fato, fossem necessários *quatro* executantes. Às vezes, um dos violinos, ou ambos, era substituído por uma flauta ou oboé, e há sonatas que foram escritas para um só instrumento melódico, ao lado de um contínuo.

Sonata da camera
Sonata da chiesa

A sonata barroca podia ser de duas espécies: a **sonata da camera** (de câmara), destinada a pequenas salas, e a **da chiesa** (de igreja), na qual os instrumentos contínuos provavelmente eram o órgão e, talvez, o fagote. Os dois tipos normalmente consistiam em quatro movimentos, quase sempre na mesma tonalidade, mas com andamentos contrastantes (lento : rápido : lento : rápido). Em geral, os movimentos tinham a forma binária. A sonata de câmara era praticamente uma suíte, como tal, incluía danças. Já a de igreja tinha caráter mais sério, com os movimentos mais rápidos muitas vezes escritos no estilo de fuga.

Os principais compositores barrocos de sonata incluem Purcell, Corelli Couperin, Bach e Händel.

Um tipo de sonata bem diferente é o que está associado a Domenico Scarlatti, filho de Alessandro Scarlatti e nascido no mesmo ano que Bach e Händel. Scarlatti compôs cerca de 550 sonatas para cravo, de um só movimento. São peças especificamente escritas para teclado, onde não faltam trinados, intervalos espaçados, notas repetidas e frequentes passagens traiçoeiras com cruzamento de mãos.

Exercício 36

Ouça dois movimentos de uma sonata de Corelli e de uma sonata de Couperin e descubra:
a) o número e os tipos de instrumentos envolvidos
b) se a música refere-se a uma *sonata da camera* ou a uma *sonata da chiesa*

Concerto grosso

Uma das formas mais interessantes da música barroca é o **concerto**, palavra que tanto pode ter vindo do italiano, no sentido de "consonância", como também ter guardado seu significado original latino, isto é, "disputa". A ideia do concerto remonta à Renascença. Sua semente está nas peças policorais escritas por compositores como Giovanni Gabrieli. As ideias de oposição e contraste acentuado levaram à concepção do **concerto grosso** barroco. Neste, compositores do porte de Corelli, Händel e sobretudo Bach (em seus *Concertos de Brandenburgo*, números 2, 4 e 5) opunham dois grupos de instrumentos: um pequeno grupo de solistas chamado **concertino** (em geral, constituído por dois violinos e um *cello*) contra uma orquestra de cordas conhecida por **ripieno** (pleno) ou **tutti** (todos os instrumentos juntos). O cravo ou órgão **contínuo** era também usado para enriquecer a textura do *ripieno*, além de fornecer ainda as harmonias de apoio para os instrumentos do concertino quando estes executavam suas partes.

Exercício 37

Ouça uma parte do *Concerto de Natal de Corelli* e, em seguida, o primeiro movimento do Concerto de Brandenburgo N.2, de Bach, identificando os instrumentos que compõem (a) o *concertino* e (b) o *contínuo*.

Concertos solo

Do *concerto grosso* nasceu o concerto solo, no qual um único instrumento é lançado contra a massa de uma orquestra de cordas. Essa ideia de oposição, com o decorrer dos anos, fortaleceu-se ainda mais, e o compositor frequentemente fornecia ao solista algumas passagens difíceis e expressivas. Quase sempre, os concertos solo eram compostos em três movimentos – rápido : lento : rápido. Os dois movimentos rápidos apresentavam-se na forma de **ritornello**. Essa palavra quer dizer "retorno" e, no caso, refere-se ao tema principal, que era tocado pela orquestra no princípio do movimento, voltando depois, mais ou menos completo, após as partes de **solo**, executadas com pequeno apoio orquestral. Os compositores marcavam as seções de *ritornello* com a palavra *tutti* ("todos"), de modo que o esquema básico na forma de *ritornello* seria: *Tutti* 1 : *Solo* 1 : *Tutti* 2 : *Solo* 2 : *Tutti* 3, e assim por diante.

Exercício 38 O compositor italiano Antonio Vivaldi escreveu mais de 500 concertos, dos dois tipos: *concerto grosso* e *concertos solo*. Ouça o terceiro movimento do *Outono* da série *As Quatro Estações*, para quatro violinos. Mostramos aqui o início do tema desse movimento (chamado "A caça"), que está na forma de *ritornello*.

Anote quantas vezes aparece esse tema em *ritornello*. Em seguida, tente fazer um esquema, mostrando como Vivaldi constrói sua música.

A orquestra

Foi durante o período barroco que a orquestra começou a tomar forma. No princípio, o termo "orquestra" era usado para designar um conjunto, formado ao acaso, com quaisquer instrumentos disponíveis. Mas, à medida que avançava o século XVII, o aperfeiçoamento dos instrumentos de corda (em particular, o violino) por esplêndidos artesãos, como as famílias Amati, Guarneri e Stradivari, fez com que a seção de cordas se tornasse uma unidade independente. Essa passou a constituir a base da orquestra – um núcleo central ao qual os compositores acrescentavam outros instrumentos, individualmente ou em dupla, de acordo com as circunstâncias: flautas, oboés, fagotes, por vezes trompas, e eventualmente trompetes e tímpanos.

Um traço constante nas orquestras barrocas, porém, era a presença do órgão ou cravo **contínuo**, preenchendo a harmonia, enriquecendo a textura e, de fato, mantendo a unidade da orquestra.

Forte característica da música orquestral barroca é o **contraste**, sobretudo o de dinâmica – forte-piano (suave) – e o de timbres instrumentais. O compositor barroco está frequentemente contrastando brilhantes filetes de sons, como dois oboés ou dois trompetes, com um fundo de cordas. Ou pode contrastar "blocos" sonoros de diferentes timbres – por exemplo, uma passagem para cordas, depois para sopros, e depois a combinação das duas seções. Muitas vezes, percebe-se aquilo que tem sido chamado pelos ingleses de *"terraced dynamics"** – mudanças repentinas no nível sonoro, como sair do nível *forte* para cair no nível *piano*, e depois fazer um retorno abrupto ao *forte*. Às vezes uma frase suave pode ser a repetição da precedente, forte, criando um efeito de eco.

Exercício 39 Ouça os movimentos da Suíte para Orquestra N.3, de Bach, anotando todos os sons que lhe pareçam característicos da orquestra barroca.

---

* Literalmente, "dinâmica de patamar". (N.T.)

Principais características da música barroca

1. De início, a retomada de texturas mais leves e homofônicas, com a melodia apoiada em acordes simples. As texturas polifônicas, entretanto, logo retornam.
2. O baixo contínuo ou baixo cifrado torna-se a base de quase toda a música barroca – fornecendo uma decidida linha de baixo que impulsiona a música para a frente, do começo ao fim.
3. Um direcionamento que impulsiona do princípio ao fim toda uma peça.
4. A família das violas é gradualmente substituída pela dos violinos. A seção de cordas transforma-se no núcleo da orquestra barroca, mas conservando um teclado contínuo (cravo ou órgão), de modo a preencher as harmonias sobre a linha do baixo cifrado e a enriquecer as texturas.
5. No fim do século XVII, ocorre a substituição do sistema de modos pelo sistema tonal (maior-menor).
6. Principais formas empregadas: binária, ternária (ária *da capo*), rondó, variações (incluindo o baixo *ostinato*, a chacona e a *passacaglia*), *ritornello* e fuga.
7. Principais tipos de música: coral, recitativo e ária, ópera, oratório, cantata, abertura italiana, abertura francesa, tocata, prelúdio coral, suíte de danças, *sonata da camera*, *sonata da chiesa*, *concerto grosso* e concertos solo.
8. Frequentemente, a música é exuberante: ritmos enérgicos a impulsionam para a frente; as melodias são tecidas em linhas extensas e fluentes, com muitos ornamentos (trinados, por exemplo); contrastes de timbres instrumentais (principalmente nos concertos), de poucos instrumentos contra muitos, e de sonoridades fortes com suaves (a dinâmica de patamares, por vezes efeitos de eco).

Exercício 40

Procure informar-se sobre a vida e a obra dos seguintes compositores e faça um breve resumo a respeito de cada um deles: Monteverdi; Purcell; Bach; Händel.

Exercício 41

Ouça alguns trechos de música barroca. Descreva-os tão detalhadamente quanto puder, não deixando de mencionar:
a) os instrumentos e/ou as vozes usados na música
b) o ritmo e a textura musical
c) o tipo da peça (sugerindo seu possível compositor)

Exercício 42

Diga o que entende por: baixo contínuo; recitativo; *ritornello*; ária *da capo*; trio-sonata.

Exercício 43

Descreva as diferenças entre:
a) abertura francesa e abertura italiana
b) *sonata da camera* e *sonata da chiesa*
c) *concerto grosso* e concertos solo

Exercício 44

Ouça o *Glória de uma missa*, de William Byrd, e o da *Missa em Si Menor* de Bach. Ou então um moteto de Palestrina e em seguida um hino de Purcell. Anote todas as propriedades de estilo que dão a uma peça aquele sabor especial que a identifica como pertencente a um período determinado.

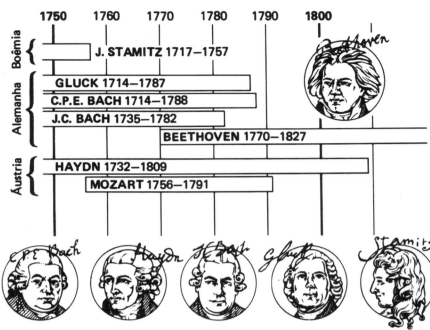

5 Música Clássica

A palavra "clássico" deriva do latim *classicus*, que significa um cidadão (e, posteriormente, um escritor) da mais alta classe. E, com efeito, seu sentido, para nós, está associado a algo que consideramos de alta classe, de primeira ordem, de extremo valor. Assim, como "clássicos" da literatura, falamos, por exemplo, das peças de Shakespeare ou dos romances de Charles Dickens; e descrevemos como "clássico" o estilo arquitetônico da Grécia e da Roma antigas – significando um estilo que atribui suma importância à graça e à simplicidade, à beleza de linhas e formas, ao equilíbrio e à proporção, à ordem e ao controle.

No que diz respeito à música, o termo "clássico" é empregado em dois sentidos diferentes. As pessoas, às vezes, usam genericamente a expressão "música clássica", considerando toda a música dividida em duas grandes categorias: "clássica" e "popular". Para o musicólogo, entretanto, "Clássico" com "C" maiúsculo tem sentido muito especial e preciso. O termo designa especificamente a música composta entre 1750 e 1810 – período bem curto, que inclui a música de Haydn e Mozart, bem como as composições iniciais de Beethoven.

Contudo, essas duas datas, 1750 e 1810, não devem ser tomadas em sentido muito estrito. A passagem do barroco ao clássico não se faz abruptamente. Bem antes da década de 1730, já havia sinais de mudanças, de modo que, de fato, o estilo clássico começou a desabrochar nos últimos anos do período barroco. A trio-sonata barroca vai gradualmente sendo substituída pela sonata clássica, e a abertura italiana, presente em diversas óperas barrocas, começa a transformar-se na sinfonia clássica. Conquanto Bach continuasse compondo ao estilo contrapontístico do barroco tardio, seus filhos – embora com grande respeito pela música do pai – já preferiam um estilo mais homofônico e leve.

Quanto a uma data certa para o final do período clássico, há os que sugerem 1827 (o ano da morte de Beethoven), enquanto outros pensam em uma data bem anterior a essa – 1800, por exemplo.

"Estilo galante" O estilo da primeira fase do período clássico é chamado de **estilo galante** – um estilo amável, cortês, que visava principalmente agradar o ouvinte. Muita coisa nessa música peca pela falta de profundidade, mas naquilo que ela tem de melhor, como as composições de Carl Philip Emanuel e Johann Christian

O estilo clássico posterior

– os filhos de Bach – e as primeiras obras de Haydn e Mozart, mostra-se refinada, bem-elaborada e extremamente elegante.

Posteriormente, à medida que o estilo clássico foi amadurecendo, as composições passaram cada vez mais a enfatizar as características que já associamos à arquitetura clássica: graça e beleza de linha (melódica) e de forma (concepção musical), proporção e equilíbrio, comedimento e domínio de linguagem. Em particular, os compositores clássicos alcançaram o perfeito equilíbrio entre a expressividade e a estrutura formal.

Textura

A música barroca havia sido principalmente *polifônica*, com as vozes do contraponto envolvidas em uma textura intricada e quase sempre com um cravo contínuo soando ao fundo. A textura clássica tende a ser mais leve, mais clara, menos complicada e – embora o contraponto não tenha sido esquecido por completo – basicamente *homofônica*, com as melodias fazendo-se ouvir sobre um acompanhamento de acordes.

Exercício 45

Observe essas principais características do estilo clássico ao ouvir o Quarteto de Cordas Op. 64, N.5, de Haydn, conhecido como *A Cotovia*. (Esse é um exemplo de *música de câmara*, isto é, música para ser tocada preferencialmente em ambientes pequenos e por poucos instrumentistas. No quarteto de cordas, tocam dois violinos, uma viola e um violoncelo.)

A orquestra

A orquestra, que começara a ganhar forma durante o período barroco, está agora em pleno desenvolvimento. No princípio, ainda conservava um cravo contínuo, principalmente para amarrar a textura. Com o tempo, porém, o contínuo caiu em desuso e os compositores passaram a empregar instrumentos de sopro, especialmente as trompas, para dar unidade à textura.

Na primeira parte do período clássico, as orquestras ainda eram pequenas e de formação variável: uma base de cordas, à qual geralmente se acrescentavam duas trompas e uma ou duas flautas, ou dois oboés. Logo, entretanto, os compositores passaram a usar conjuntamente as flautas e os oboés, além de incluírem um ou dois fagotes e, em certas ocasiões, dois trompetes e um par de tímpanos. As clarinetas passaram a ter seu lugar certo já no final do século XVIII, quando as madeiras se tornaram uma seção independente dentro da orquestra.

A orquestra no fim do século XVIII continha:

uma ou duas flautas
dois oboés
duas clarinetas
dois fagotes
duas trompas
dois trompetes
dois tímpanos
cordas

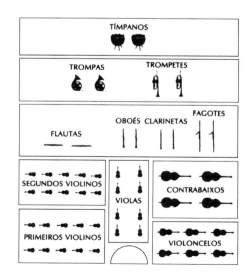

Exercício 46 Para poder comparar o uso da orquestra nos períodos barroco e clássico e compreender as principais diferenças entre os dois estilos, ouça os quatro primeiros minutos das seguintes peças:
Barroco: Suíte para Orquestra N.3 em ré de Bach (1685-1750).
Clássico: Sinfonia N.100 (*Militar*) de Haydn (1732-1809).

a) Há um estilo mais polifônico e outro mais homofônico (melodia com acompanhamento de acordes). Qual deles pertence ao barroco e qual pertence ao clássico?
b) Qual estilo tem a textura mais leve e transparente, e qual tem a textura mais intricada, sustentada por um cravo contínuo?
c) Qual dos dois estilos você pensa que apresenta maior variedade de melodias, ritmos e dinâmica, com frequentes mudanças de timbre e caráter musical ("cor" instrumental)?
d) Quais as principais diferenças entre as duas orquestras e como são usadas pelos dois compositores?

Música para piano

Durante o período clássico, pela primeira vez em toda a história da música, as obras para instrumentos passaram a ter mais importância do que as composições para canto. Muitas obras foram então escritas especialmente para o pianoforte – em geral chamado "piano", para abreviar – e muitas o incluíam ao lado de outros instrumentos. Provavelmente ele fora inventado em 1698, na Itália, por Bartolomeo Cristofori, que, por volta de 1700, já havia concluído a fabricação de pelo menos um desses instrumentos. Ele o chamou de **gravicembalo col piano e forte**, isto é, "cravo com suave e forte". Mas enquanto no cravo as cordas são tangidas, no instrumento de Cristofori elas são batidas por martelos – suavemente ou com força, dependendo da pressão dos dedos do executante sobre as teclas.

Isso daria ao piano grande poder de expressão e abriria uma série de possibilidades novas e fascinantes. Não só poderia o pianista dosar os contrastes entre forte e suave, como também ter o controle do volume sonoro e das múltiplas nuanças que permeiam os sons. Os sons podiam tornar-se gradualmente mais fortes, ou mais suaves, e se podiam fazer outros contrastes entre o **legato** (melódico e sustentado) e o **staccato** (curto e destacado). O executante poderia moldar uma melodia expressiva em estilo **cantabile** com a mão direita, enquanto um acompanhamento suave ia sendo desenvolvido pela esquerda.

Baixo de Alberti

Muito apreciado pelos compositores clássicos foi um desenho de acompanhamento que ficou conhecido como "baixo de Alberti". Consistia em simples acordes quebrados repetidos pela mão esquerda, mantendo a música em andamento e, ao mesmo tempo, delineando as harmonias em apoio à melodia.

No começo, o piano custou muito a ganhar terreno, certamente devido à precariedade dos primeiros modelos. Mas, por volta de 1760, C.P.E. Bach, cujas composições para instrumentos de teclado causaram profunda impressão em Haydn, aceitou o piano em pé de igualdade com o cravo e o clavicórdio. E mais ou menos à mesma época, Johann Christian Bach, cuja música exerceu grande influência sobre o jovem Mozart, fez, em Londres, as primeiras apresentações em público da música de piano. Durante muito tempo, a música para teclado continuou sendo impressa com a indicação "para piano forte ou cravo", mas no final do século XVIII o cravo já havia caído em desuso, amplamente substituído pelo piano.

Exercício 47 Ouça o início da Sonata em fá maior de Mozart (K. 332):

Que lhe faz pensar que essa peça seja mais apropriada ao piano do que ao cravo?

Sonatas

Sonata (do verbo *sonare*, "soar") foi o nome dado pelos compositores clássicos a uma obra em diversos movimentos para um ou dois instrumentos, no máximo – por exemplo, para piano ou violino e piano etc. Se a obra fosse para três instrumentos, seria chamada de trio; se fosse para quatro, receberia o nome de quarteto; para cinco, quinteto; e assim por diante.

Outros importantes tipos de composição, para a orquestra, são a sinfonia e o concerto.

A sinfonia

A **sinfonia** (que significa "soar em conjunto") era, na realidade, uma sonata para orquestra. Desenvolveu-se a partir da abertura italiana (já frequentemente chamada **sinfonia**), que tinha três seções em andamentos contrastantes : rápido : lento : rápido. Nas primeiras sinfonias clássicas, essas seções tornam-se movimentos distintos; posteriormente, seu número usual passa a ser quatro, com o minueto e trio (dança tirada da suíte barroca) inseridos entre o movimento lento e o alegre *finale*. Muitos compositores contribuíram para a estruturação da sinfonia – inclusive o compositor italiano Sammartini, o alemão Johann Stamitz, que em meados do século XVIII, na corte de Mannheim, tornou-se diretor de uma das mais famosas orquestras, além de C.P.E. e J.C. Bach. Mas foram Haydn e Mozart que aperfeiçoaram e enriqueceram a sinfonia, durante a segunda metade desse século.

Os movimentos da sinfonia clássica, bem contrastados em andamento e caráter, são normalmente arranjados de acordo com o seguinte esquema básico:

> **Primeiro movimento:** de andamento bem rápido; em geral, composto na "forma sonata" (descrita mais adiante).
> **Segundo movimento:** de andamento mais vagaroso, mais ao estilo canção; frequentemente na forma ternária (**ABA**) ou em variações, ou também, uma vez mais, na forma sonata.
> **Terceiro movimento:** nesse ponto, Haydn e Mozart costumavam inserir um minueto e trio.
> Beethoven, mais tarde, usou esse movimento para apresentar um *scherzo* (ou seja, "brincadeira"), mais brilhante e vigoroso.
> **Quarto movimento (Finale):** de andamento muito rápido e quase sempre de caráter alegre; usado na forma de rondó (**ABACA**...), na forma sonata ou, talvez, em uma mistura de ambas; às vezes, em variações.

Exercício 48

Ouça uma sinfonia de Haydn, como por exemplo a N.94 em sol (*Surpresa*), a N.103 em mi bemol (*Rufar dos Tambores*) ou sua última, a N.104 em ré (*Londres*).

a) Descreva a orquestra usada por Haydn.

b) Como os quatro movimentos diferem um do outro em termos de caráter e andamento?

c) Descreva alguns recursos utilizados por Haydn para obter contraste e diversidade *dentro* de cada movimento.

Obras como trios e quartetos também eram em quatro movimentos, planejadas exatamente da mesma maneira que as sinfonias. As sonatas podiam ter quatro ou, por vezes, três movimentos. O concerto clássico, que se desenvolveu a partir do concerto solo barroco, não incluía o minueto, de modo que o número de movimentos era sempre três.

Forma sonata

Em cada um desses diferentes tipos de composição, o primeiro movimento é quase sempre planejado segundo o que se conhece como **forma sonata**. A designação é um tanto enganadora. "Forma sonata" não se refere à estrutura de uma obra completa, mas a um tipo especial de forma ou plano musical usado para compor um único movimento de uma obra – incluindo sinfonias, quartetos e assim por diante, bem como sonatas.

Os compositores barrocos tendiam a escrever melodias em linhas longas e fluídicas. Muitas vezes, a extensão de uma peça musical dependia da "fiadura" dessas melodias, com a mesma "disposição" (ou ânimo) e o mesmo ritmo, em geral persistindo por toda a música. Já as melodias dos compositores clássicos tendiam a ser mais curtas, com ritmos bem-marcados e contornos bem-definidos. Ritmos e melodias contrastantes seguiam-se uns aos outros, fazendo com que a disposição da música, enfatizada pela frequente mudança de timbres ("cor" instrumental), apresentasse uma alteração constante. Quando os compositores clássicos procuravam um modo de reunir todos esses diferentes elementos em uma concepção musical bem equilibrada e coerente, acabaram descobrindo que a forma sonata constituía a solução mais satisfatória.

A forma sonata, na verdade, desenvolveu-se a partir de uma forma binária, embora sua configuração seja ternária, pois consiste em três seções principais, chamadas **exposição**, **desenvolvimento** e **recapitulação**. (Pode haver uma lenta introdução antes de a forma sonata fazer propriamente a sua entrada.)

1
Exposição

Aqui, o compositor "expõe" ou enuncia a sua matéria musical. As principais ideias são chamadas de **temas** (no sentido de "temas para discussão posterior"). Há dois temas, cada qual podendo constituir-se de diversas ideias musicais, e não apenas de uma única melodia. Esses dois temas aparecem em tonalidades contrastadas, o que também ocorre com o seu caráter.

O **primeiro tema** (ou grupo de ideias) aparece na tônica, seu tom "familiar", e é frequentemente vigoroso e bem-ritmado. Segue-se uma ponte modulante, ou mudança de tonalidade, que irá conduzir ao **segundo tema** (ou grupo de ideias), em tonalidades novas mas correlatas – geralmente na dominante, ou na relativa maior, se a tônica for em tom menor. O segundo tema costuma ser mais melodioso e menos incisivo que o primeiro. (Usualmente, a exposição vem com sinal de repetição, como se os compositores estivessem dando ao ouvinte uma segunda chance de fixar as ideias na mente.)

2 **Desenvolvimento**	Nessa seção, o compositor "desenvolve" ou explora as possibilidades das ideias musicais apresentadas na exposição. Qualquer aspecto dos dois temas, ou mesmo da ponte, pode ser trazido à discussão musical. O compositor pode optar por um fragmento melódico ou rítmico e repeti-lo, enquanto conduz a música por uma série de diferentes tons (mas sempre evitando a tonalidade principal). Fragmentos de diferentes ideias podem ser combinados, ou apresentados em oposição. Um forte sentimento de tensão, de conflito dramático, pode ser construído, atingindo o clímax quando, propositadamente, a música retorna ao seu ambiente "familiar" – a tônica – e tem início a recapitulação.
3 **Recapitulação**	O compositor, agora, "recapitula" ou repete, de forma ligeiramente modificada, a parte expositiva. O primeiro tema é ouvido na tônica, como antes. A ponte sofre uma alteração para que o segundo tema possa também ser apresentado nessa tonalidade. Finalmente, o compositor conclui o movimento com uma **coda**.

No diagrama abaixo, mostramos o planejamento básico de uma peça na forma sonata:

Exposição (apresentação)			**Desenvolvimento** (discussão)	**Recapitulação** (reexposição)			**Coda**
1º tema (tônica)	Ponte (mudança de tonalidade)	2º tema (em nova tonalidade)	abordagem de diferentes tonalidades; discussão, desenvolvimento, combinação e oposição de ideias já expostas.	1º tema (tônica)	Ponte (agora alterada)	2º tema (tônica)	Conclusão

Exercício 49 O primeiro movimento de *Eine kleine Nachtmusik* [*Pequeno serão musical*], de Mozart, foi planejado na forma sonata. Mozart chamava também essa peça de serenata (música noturna), a qual, como o divertimento, é de caráter mais leve do que a sinfonia e frequentemente se destina a ser executada ao ar livre.

Ouça a música e depois responda:
a) De que modo o segundo tema contrasta com o primeiro?
b) Em que tonalidades o segundo tema aparece na exposição e na recapitulação?
c) Que ideias musicais da exposição são utilizadas por Mozart na seção de desenvolvimento?
d) De que ideias musicais se compõe a coda?
e) Descreva a orquestra que toca essa "serenata".

Viena, capital da Áustria, tornou-se o maior centro musical durante o período clássico. Nessa cidade viveram, em épocas diferentes, Gluck, Haydn, Mozart, Beethoven e Schubert.

O concerto

O concerto clássico, visto em seu aspecto de um solo instrumental em luta contra a massa de uma orquestra, teria sua origem no concerto solo do período barroco. Seus três movimentos (moderadamente rápido : lento : rápido) correspondem aos da sinfonia, mas sem o minueto. O primeiro movimento, porém, é em uma forma sonata modificada, que começa com uma "dupla exposição": uma para a orquestra sozinha, apresentando o principal material musical todo na tônica. Depois vêm o solista e uma segunda exposição, agora com o segundo tema no tom correlato. O compositor frequentemente deixa de apresentar um ou mais temas na primeira exposição a fim de ganhar interesse e variedade quando os introduz, na segunda.

Seguem-se, então, as partes de desenvolvimento e recapitulação, com orquestra e solista. Ao final da recapitulação, a orquestra emudece para que o solista toque a **cadência** – uma passagem virtuosística, baseada em temas já expressos, que exibe o brilhantismo de sua técnica. (Originalmente, as cadências eram executadas de improviso; mais tarde, os compositores passaram a escrever a música que esperavam ser tocada.) Quase sempre, a cadência termina em um trinado – sinal para que a orquestra faça a sua reentrada e execute a coda.

Exercício 50

Ouça o primeiro movimento de um dos concertos de Mozart. Por exemplo, o Concerto para Piano N.23 em lá ou o Concerto para Trompa N.3 em mi bemol. Procure observar e anotar o seguinte:
a) o efeito obtido com a "entrada retardada" do solista
b) a variedade do material musical repartido entre a orquestra e o solista
c) o contraste entre as passagens em que o solista aparece sozinho, ou com leve acompanhamento, e as fortes passagens **tutti** ("todos") orquestrais
d) as seções de diálogo musical entre solista e orquestra
e) o efeito musical e dramático da cadência do solista (baseada nos temas do movimento), seguida da coda orquestral

Ópera

Embora os compositores clássicos tenham escrito boa quantidade de obras de caráter religioso, em termos de música vocal foi pela ópera que mais se sentiram atraídos. Os dois maiores compositores do período foram Gluck e Mozart.

Gluck (1714-1787)

Gluck foi um dos muitos compositores (e críticos) que, na época, se preocuparam com o fato de a ópera estar se tornando muito estilizada, muito estereotipada. Os cantores assumiram tamanha importância que a música frequentemente era composta mais para servi-los do que realmente às exigências do libreto, daí resultando muitas vezes uma ação impedida em seu prosseguimento para que os cantores pudessem dar brilhantes demonstrações de técnica vocal. Gluck decidiu que era tempo de mudar.

Foi em *Orfeu e Eurídice*, sua ópera mais conhecida, apresentada em Viena no ano de 1762, que ele pela primeira vez pôs em prática suas ideias. (Tratava-se da mesma lenda grega que inspirara a ópera de Monteverdi, composta em 1607.) Cinco anos depois, no prefácio da partitura da ópera *Alceste*, Gluck expôs aquilo que, em sua opinião, deveria ser uma ópera. A música teria de estar a serviço do enredo, refletindo o drama e a emoção da poesia. Não deveria haver tanta distinção entre ária e recitativo, e a ação teria de ser mais contínua, evitando-se interrupções apenas para atender às exigências dos cantores em termos de demonstração vocal. A escolha e o uso dos instrumentos deveria ser de acordo com cada situação da história, e a abertura deveria preparar a plateia para a natureza do drama que se iria desenrolar.

Exercício 51

Procure ouvir a ária "Che farò", de *Orfeu e Eurídice* (que em geral se traduz por "Que vale a vida para mim sem ti?"). Que propriedades existem nessa ária – do ponto de vista tanto da melodia quanto do acompanhamento orquestral – que a identificam como, estilisticamente, mais clássica do que barroca?

Mozart (1756-1791)

Já se disse que, enquanto Gluck reformou a ópera, Mozart, com seu gênio musical e seu instinto dramático, a transformou. Suas três grandes óperas são *As Bodas de Fígaro, Don Giovanni* e *A Flauta Mágica* (que é um **singspiel**, tipo de ópera onde o canto se intercala com diálogos falados). São óperas que revelam a fina percepção que Mozart tinha da natureza humana, o que o habilitava a dar vida e calor a seus personagens. As árias, ao mesmo tempo em que aprofundam nossa compreensão de um personagem, freqüentemente ajudam a levar adiante o enredo.

Mozart transforma a cena final de um ato em uma estrutura elaborada, em que todos os personagens cantam em **conjunto** – todos ao mesmo tempo, mas cada qual exprimindo sua reação às situações ocorridas.

A orquestra na ópera de Mozart representa importante papel no desdobramento do enredo, espelhando o clima e os aspectos dramáticos da ação, e também acrescentando interessantes detalhes; mas sempre salientando, em vez de reduzir, a importância das vozes.

Exercício 52

Procure informar-se sobre o libreto da **ópera** *Don Giovanni* (Dramma Gioccoso), de Mozart. Em seguida, procure ouvir a ária "do Catalogo", de Leporello, na qual esse personagem faz um relato dos muitos antigos amores de seu amo.
a) Qual o tipo de voz que canta a ária?
b) Que faz Mozart para dar à ária um caráter alegre e jocoso?

Ludwig van Beethoven (1770-1827)

Beethoven é uma colossal figura na história da música. Tal como Monteverdi, dois séculos antes, também ele atravessou duas eras. Tem sido descrito como o último dos compositores clássicos e, ao mesmo tempo, o primeiro dos românticos. Diferentemente da maioria dos compositores que o precederam, Beethoven não escreveu música para servir ou agradar patrocinadores ricos. Compunha para agradar a si mesmo.

Costuma-se dividir a vida e a obra de Beethoven em três fases. A primeira fase, mostrando a influência de Haydn e Mozart, inclui as duas primeiras sinfonias, os três primeiros concertos para piano, os seis primeiros quartetos de cordas e mais ou menos as 12 primeiras de suas 32 sonatas para piano. Esse período inicial vai até o compositor chegar à casa dos 30 anos, quando já observara os primeiros sinais da futura surdez.

As obras da segunda fase estão escritas em estilo mais individual, mais pessoal – em maior escala e muito mais profundas em matéria de sentimento.

A essa fase intermediária pertencem da Terceira à Oitava Sinfonias, o Quarto e o Quinto Concertos para Piano, o Concerto para Violino, os três *Quartetos Rassumovsky*, para cordas, as três sonatas para piano – a *Sonata ao Luar*, a *Waldstein* e a *Appassionata* –, e ainda sua única ópera, *Fidélio*.

À terceira fase pertencem a Nona Sinfonia (*Coral*) e a Missa em ré, os últimos quartetos de cordas e o restante das sonatas. Durante essa última fase, Beethoven ficou surdo de todo, inteiramente excluído do universo sonoro, exceto pela imaginação.

Adotando as formas clássicas usadas por Haydn e Mozart, Beethoven as modificou e as expandiu. Suas obras tendem a ter mais peso e seu escopo é muito maior. Na seção de desenvolvimento de um movimento na forma sonata, ele empreende uma busca exploratória muito mais aprofundada das ideias escolhidas para discussão. Dá maior importância à coda, por vezes continuando a explorar seu material de tal modo que este resulta em uma segunda seção de desenvolvimento. Os movimentos lentos mostram maior intensidade emocional; o Minueto transforma-se no brilhante e vigoroso Scherzo; e o movimento final cresce em peso e importância, de modo a equilibrar-se com o primeiro.

O drama e o conflito são ingredientes essenciais no estilo de Beethoven, provindos de um sentido rítmico poderoso, por vezes violento, da agressividade com que emprega os acordes dissonantes, quase sempre sob a orientação *sforzando* (forçando a entonação) e de contrastes inesperados – de timbres, altura e dinâmica. Durante um *crescendo*, quando se espera o acorde mais forte, Beethoven muitas vezes surpreende o ouvinte com uma súbita queda para *piano*.

Beethoven aumentou o tamanho da orquestra. Àquela usada por Haydn em suas últimas sinfonias (ver p.46), acrescentou, na Terceira Sinfonia (*Eroica*), uma terceira trompa, e, no final da Quinta, um flautim, um contrafagote e três trombones. Todos esses instrumentos aparecem novamente na Nona Sinfonia, que também conta com solo de vozes e coro misto. A seção de percussão foi acrescida de pratos, triângulo e bombo, e o número de trompas passou a ser quatro.

Exercício 53

Ouça uma obra de Beethoven, como a Sonata para Piano N.23, em fá menor (*Appassionata*), ou então a Terceira ou a Quinta Sinfonias. Compare a música de Beethoven com algum trabalho de Haydn ou Mozart, já ouvido, apontando algumas diferenças de estilo e impacto.

Principais características da música clássica

1. Mais leve, de textura mais clara e menos complicada que a barroca; é principalmente homofônica – a melodia sustentada por acompanhamento de acordes (mas o contraponto continua presente).
2. Ênfase na beleza e na graça da melodia e da forma, proporção e equilíbrio, moderação e controle; refinada e elegante no caráter, com a estrutura formal e a expressividade em perfeito equilíbrio.
3. Maior variedade e contraste em uma peça: de tonalidades, melodias, ritmos e dinâmica (agora utilizando o *crescendo* e o *sforzando*); frequentes mudanças de disposição e timbres.
4. As melodias tendem a ser mais curtas que as barrocas, com frases bem-delineadas e cadências bem-definidas.

5. A orquestra cresce em tamanho e âmbito; o cravo contínuo cai em desuso e as madeiras se tornam uma seção independente.
6. O cravo é substituído pelo piano: as primeiras músicas para piano são pobres em textura, com largo emprego do baixo de Alberti (Haydn e Mozart), mas depois se tornam mais sonoras, ricas e vigorosas (Beethoven).
7. Atribui-se importância à música instrumental – muitos tipos: sonata, trio, quarteto de cordas, sinfonia, concerto, serenata, divertimento.
8. A forma sonata aparece como a concepção mais importante – usada para construir o primeiro movimento de quase todas as grandes obras, mas também em outros movimentos e em peças isoladas (como as aberturas).

Exercício 54   *Pesquisa* Descubra mais sobre a vida e a obra dos seguintes compositores clássicos, escrevendo um breve relato sobre cada um: Haydn; Mozart; Beethoven.

Exercício 55   Ouça o terceiro movimento da última sinfonia de Mozart: a N.41, em dó maior (chamada *Júpiter*).
a) Que nome se dá a esse tipo de movimento em uma sinfonia?
b) Que características de estilo você vê na obra que possam defini-la como sendo do período clássico?

Exercício 56   Diga o que entende por: quarteto de cordas; primeiro tema; cadência; baixo de Alberti; *sforzando*.

Exercício 57   Durante o período clássico, que diferenças o público poderia esperar entre o primeiro movimento de uma sinfonia e o primeiro movimento de um concerto?

Exercício 58
a) Ponha os nomes dos compositores abaixo mencionados na ordem de nascimento:
( ) Händel   ( ) Mozart   ( ) Purcell
( ) Pérotin   ( ) Giovanni Gabrieli

b) A que período pertence cada um desses compositores?

Exercício 59   Dos quatro períodos – medieval, renascentista, barroco e clássico –, qual o interessou mais? Por que razões?

Exercício Especial B

Nos dois quadros abaixo, você encontrará vários tipos de música pertencentes aos períodos barroco e clássico. Tal como antes, seu exercício será ouvir um programa constituído por trechos de algumas dessas peças – tiradas de ambas as listas, mas misturadas. Ao ouvir, identifique o estilo – barroco ou clássico – de cada uma, e também o tipo de peça que está sendo tocado.

Barroco (1600-1750)

- cena de uma ópera de Monteverdi
- dança de uma suíte para teclado de Purcell
- coro de um oratório de Händel
- uma trio-sonata de Corelli
- uma fuga para teclado de Bach
- o primeiro movimento de um concerto de Vivaldi
- uma peça da suíte *Música Aquática*, de Händel

Clássico (1750-1810)

- uma sonata para piano de Haydn
- um quarteto de cordas de Haydn
- o terceiro movimento de um concerto de Mozart
- o Finale de uma sinfonia de Haydn
- Cena de uma ópera de Mozart
- o Scherzo de uma sonata para violino de Beethoven
- um movimento da Terceira Sinfonia de Beethoven (*Eroica*)

Antes de ouvir: Refresque a memória revendo os principais aspectos relativos aos estilos barroco e clássico (p.44 e 54-5).

Ao ouvir: Anote todas as características de estilo que for identificando nas peças, ao lado de outros detalhes que lhe parecerem interessantes.

Depois de ouvir: Ponha em ordem tudo o que descobriu e faça um breve relatório sobre cada uma das peças, mencionando:
   a) o período musical – barroco ou clássico – em que ela foi composta
   b) o tipo de música, com detalhes sobre as forças necessárias a sua execução
   c) todas as outras "dicas" que você descobriu ao ouvir a música e que o ajudaram na identificação

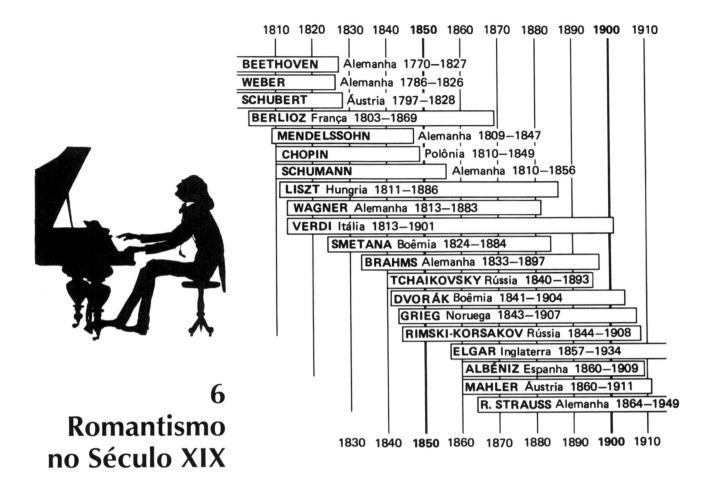

6
Romantismo no Século XIX

A palavra **Romantismo** foi primeiramente empregada para descrever o despontar das novas ideias que passaram a prevalecer na pintura e na literatura, no final do século XVIII. Mais tarde, os músicos também adotaram o termo para descrever as mudanças no estilo musical ocorridas logo depois da virada do século.

Os compositores clássicos haviam objetivado atingir o equilíbrio entre a estrutura formal e a expressividade. Os românticos vieram desequilibrar a balança. Eles buscaram maior liberdade de forma e de concepção em sua música e a expressão mais intensa e vigorosa de sua emoção, frequentemente revelando seus pensamentos e sentimentos mais profundos, inclusive suas dores. É claro que a emoção é encontrada, em maior ou menor grau, em quase todo tipo de música, qualquer que seja seu período ou estilo, mas sua expressão mais forte se dá no período romântico.

Muitos compositores românticos eram ávidos leitores e tinham grande interesse pelas artes plásticas, relacionando-se estreitamente com escritores e pintores. Não raro, uma composição romântica tinha como fonte de inspiração um quadro visto pelo compositor, ou algum poema ou romance que lera. Imaginação, fantasia e espírito de aventura são ingredientes fundamentais do estilo romântico. Dentre as muitas ideias que exerceram enorme fascínio sobre os compositores românticos, temos: as terras exóticas e o passado distante; os sonhos, a noite e o luar; os rios, lagos e florestas; a natureza e as estações; as alegrias e tristezas do amor (especialmente o dos jovens); as lendas e os contos de fadas; o mistério, a magia e o sobrenatural.

Ilustração da cena da Grota do Lobo por Moritz von Schwind.

Exercício 60 Diversos desses elementos podem ser encontrados na primeira ópera importante produzida no romantismo: *Der Freischütz* (*O Franco-atirador*), de Weber. Baseia-se em um conto fantástico alemão, sobre um caçador que fica de posse de sete balas mágicas. As seis primeiras balas atingem qualquer alvo que ele deseje, mas a sétima fica por conta do Diabo.

Procure informar-se mais sobre o enredo dessa ópera. Em seguida, ouça a cena final do segundo ato, a da Grota do Lobo. Mesmo sem se presenciar a ação e a montagem, a música de Weber consegue evocar forte impressão da sinistra e aterrorizante atmosfera da Grota do Lobo. Que meios Weber emprega, tanto orquestrais como vocais, para obter tais efeitos?

A orquestra

O âmbito da matéria musical foi muito alargado com os compositores românticos. As melodias, sejam ternas ou apaixonadas, tornam-se mais líricas, semelhantes a canções, com modulações mais rápidas e ousadas. As harmonias também se tornam mais ricas e profundas no plano emocional, com maior emprego de dissonâncias, introduzindo notas cromáticas estranhas às tonalidades.

A orquestra cresceu enormemente, não só em tamanho, como também em abrangência. A seção dos metais, logo completada com a adição da tuba, ganhou maior importância com a invenção do sistema de válvulas, que veio a dar maior flexibilidade e alcance aos instrumentos. Os compositores agora escreviam, algumas vezes, para instrumentos de madeira em grupos de três ou mesmo de quatro, adicionando o flautim, o clarone (a clarineta baixo), o corne-inglês e o contrafagote. Os instrumentos de percussão ficaram mais variados, com novos matizes sonoros, e foi necessário aumentar a seção de cordas, para se manter o equilíbrio entre as quatro seções.

Os compositores românticos deleitaram-se em explorar toda essa grande variedade de volume e alturas sonoras, a riqueza das harmonias e as novas possibilidades de combinar e contrastar timbres. Sua música oferece um belo sortimento de tipos de composição – desde peças para um ou poucos executantes, como canções, obras para piano e música de câmara (trios, quartetos etc.) até empreendimentos espetaculares, envolvendo grande número de participantes, como as óperas de Wagner ou as imensas obras orquestrais de Berlioz, Mahler e Richard Strauss.

O Lied alemão

Durante o período romântico, houve um rico florescimento da canção, especialmente do **Lied** alemão, para voz solo e piano (o plural é *Lieder* – "canções"). Há dois principais tipos de **Lied**. No primeiro, chamado **estrófico**, a mesma música é repetida basicamente em cada verso do poema. No segundo tipo, que os alemães chamam **durchkomponiert** (inteiramente composta), há uma música diferente para cada verso. Numa composição desse tipo, o autor, naturalmente, tem mais facilidade de adaptar o canto às mudanças que se vão processando no caráter e no teor dramático dos versos, e de espelhar isso, com certos detalhes, no piano. Um importante aspecto da maioria dos *Lieder* é que o acompanhamento de piano não se contenta em ser mero "suporte" do canto. Ao contrário, voz e piano dividem igualmente a responsabilidade da música.

O primeiro grande compositor de *Lieder* foi Schubert, que, durante seu curto tempo de vida, compôs mais de 600 canções, abordando todas as possíveis emoções e estados de alma. Dentre seus *Lieder* mais conhecidos estão o fortemente dramático *Erlkönig*, que escreveu aos 18 anos, *An die Musik* (*Em Louvor da Música*), *Die Forelle* (*A Truta*), *An Sylvia* (*Para Sylvia*) e *Ständchen* (*Serenata*). Outros importantes compositores de *Lieder* foram Schumann, Brahms e, já mais tarde, Hugo Wolf e Richard Strauss.

Ocasionalmente, o compositor fazia o arranjo musical de uma série de poemas ligados por uma ideia comum, às vezes chegando a esboçar alguma história. Uma sequência de canções ligadas dessa forma é chamada de "ciclo" *Winterreise* (*A Viagem de Inverno*), de Schubert, e *Frauenliebe und Leben* (*Amor e Vida de uma Mulher*), de Schumann, são dois magníficos exemplos de ciclos.

Exercício 61 Procure ouvir alguns *Lieder* alemães. Primeiro, descubra o assunto de cada um deles. Observe então:
a) de que maneira o canto expressa o significado dos versos
b) de que maneira o piano contribui para a criação de uma especial atmosfera ou estado de espírito
c) se a estrutura da canção é estrófica ou não

Música para piano

No século XIX, o piano passou por diversos melhoramentos. O número de notas foi aumentado, os martelos, antes cobertos por couro, passaram a ser revestidos de feltro, e o cepo, que era de madeira, passou a ser de metal, com maior resistência, portanto, à tensão exercida pelas cordas, agora mais longas e grossas. Tudo isso veio contribuir para que a sonoridade do instrumento ficasse mais rica e cheia, aumentando suas possibilidades em termos de registro, volume e tonalidade. Os compositores românticos começaram a explorar toda a extensão do teclado, escrevendo texturas ricas e variadas que muito dependiam do emprego do pedal direito.

Quase todos compuseram músicas para piano, porém os mais importantes foram Schubert, Mendelssohn, Chopin, Schumann, Liszt e Brahms. Embora em meio à obra dos românticos se encontrem sonatas, a preferência em geral era por peças isoladas e não muito extensas. Havia grande variedade delas, incluindo danças como a valsa, a mazurca e a *polonaise*, e peças de "caráter", como o *impromptu* ("improviso"), o romance, a canção sem palavras, o prelúdio, o noturno, a balada, o *intermezzo* ("interlúdio") e a rapsódia. Muitas peças apresentavam duas partes de caráter contrastante, frequentemente planejadas na forma ternária (ABA). Outro tipo de composição foi o *étude*, ou estudo, cujo objetivo era o aprimoramento técnico do instrumentista. Com efeito, durante essa época, houve grande avanço nesse sentido, favorecendo a figura do "virtuose" – músico dotado de extraordinária técnica. Os expoentes máximos nesse campo foram o violinista Paganini e o pianista-compositor Liszt. Embora Liszt tenha escrito muitas obras de caráter poético e reflexivo, tornou-se conhecido principalmente por suas peças de grande brilhantismo, que executava perante plateias a um tempo assombradas e deliciadas.

Mas o compositor que mostrou maior compreensão do caráter e das possibilidades do piano foi Frédéric Chopin. Ele tinha o dom especial de compor melodias de grande inspiração, que normalmente harmonizava de uma maneira incomum. Típica do estilo de Chopin, por exemplo, é uma melodia expressiva cantando pouco acima de um acompanhamento muito sóbrio, com o uso cuidadoso do pedal direito. Entretanto, embora a música de Chopin possa ser sonhadora e poética, como em seus Noturnos, pode também tornar-se dramática e feérica como nas *Polonaises* e em muitos outros estudos.

Exercício 62 Ouça duas peças românticas para piano – talvez, uma de Chopin e outra de Liszt.
a) Descreva a atmosfera criada no princípio de cada peça e quaisquer mudanças posteriores nesse sentido.
b) Qual das duas peças você achou mais interessante? Por quê?
c) No que diz respeito à sonoridade e ao estilo, que diferenças você nota entre essas duas peças românticas e uma sonata clássica composta por Haydn ou Mozart?

Música programática (ou de programa)

Os estreitos laços ligando a música à pintura e à literatura, durante o romantismo, levaram os compositores a terem um vivo interesse pela **música programática** – a música que "conta uma história" ou, de certo modo, é descritiva, evocando imagens na mente do ouvinte. (A música destituída dessa intenção, composta para ser apreciada unicamente pelo que é, tem o nome de **música absoluta.**)

Muitas peças para piano desse período são programáticas, mas foi nas obras orquestrais que os compositores exprimiram essas ideias com maior precisão. Há três tipos principais de música programática orquestral: a sinfonia descritiva, a abertura de concerto e o poema sinfônico.

Sinfonia de programa

Referindo-se a sua Sexta Sinfonia, por ele mesmo denominada *Pastoral*, Beethoven explicou que ela era "mais expressão de sentimento do que programática", apesar de ser visivelmente pictórica nos cantos de pássaros que fecham o momento lento, na alegria pastoril entrevista no Scherzo e na tempestade que se arma no quarto movimento. Berlioz, entretanto, em sua *Sinfonia Fantástica*, foi mais direto. Ele próprio forneceu um "programa" detalhado da obra, que, tal como a *Pastoral* de Beethoven, é em cinco movimentos, em lugar dos quatro usuais. Aqui damos uma breve descrição da obra de Berlioz:

1. *Devaneios, paixões* Um jovem músico guarda em sua ardente imaginação sonhos com sua amada. Em seu pensamento, ela é uma **idée fixe** ("ideia fixa" ou tema recorrente), que está sempre voltando.
2. *Um baile* De relance, ele a vê entre dançarinos, num baile, volteando aos sons de uma valsa brilhante.
3. *Cena campestre* O jovem passeia pelos campos. Ouvem-se os sons das flautas dos pastores (corne-inglês, oboé). Súbito, uma rápida visão da amada que logo desaparece. Quando o corne-inglês retoma o seu canto, nenhuma resposta vem do oboé. Pôr do sol; um trovão a distância...
4. *Marcha do cadafalso* Ele sonha que, louco de amor, matou a amada e vai arrastado para o cadafalso. (Pouco antes do fim do movimento, a *idée fixe* retorna e, logo em seguida, a música evoca a vertiginosa descida da guilhotina e uma cabeça sendo decepada.)
5. *Sonho de uma noite de sabá* Ele se vê após a morte, entre monstros e feiticeiras. Transfigurada em uma bruxa horrenda, está a amada, dançando e escarnecendo dele. Dobram os sinos de finados... cânticos em honra do morto...

Em sua *Sinfonia Fantástica*, Berlioz consegue dar sentido de unidade aos cinco movimentos, trazendo o tema, que ele chama de *idée fixe*, aos pontos-chave da sinfonia – variando a cada vez, de acordo com as circunstâncias. Eis o início da *idée fixe*, tal como aparece pela primeira vez no movimento de abertura:

(violinos e flauta)

E como é transformada em dança grotesca, no Finale:

(Clarineta em mi bemol)

Esta necessidade de correlacionar os movimentos de uma sinfonia muito longa foi também percebida por outros compositores. Alguns, como Berlioz, usaram o recurso do tema recorrente – só que, em vez de *idée fixe*, chamavam-no, na maioria das vezes, de motivo cíclico (a Quinta Sinfonia de Tchaikovsky é um belo exemplo disso). Às vezes, dois ou mais temas importantes, ouvidos no princípio da sinfonia, são trazidos de volta nos últimos movimentos. (Dvorák, por exemplo, em sua Nona Sinfonia, chamada *Novo Mundo*, vale-se dos dois processos.)

Mas nem todas as sinfonias foram descritivas. As quatro de Brahms, por exemplo, estão situadas na categoria de música absoluta, não havendo nelas qualquer sentido programático. Mas em muitas outras sinfonias românticas, mesmo que o compositor não declare sua intenção descritiva, a atmosfera é frequentemente tão intensa que nos faz sentir a música como tendo sido diretamente ditada por emoções ou dramas vividos pelo autor.

A abertura de concerto

"Abertura", evidentemente, é o nome de longa data empregado para designar a peça orquestral tocada no início de uma ópera. No entanto, a **abertura de concerto** do século XIX nada tinha a ver com a ópera; era uma obra para orquestra, de sentido descritivo, em um só movimento (em geral na forma sonata), e se destinava simplesmente a ser peça de concerto. Nesse gênero, são bem conhecidas *A Gruta de Fingal*, de Mendelssohn, cuja música foi inspirada pelas ilhas Hébridas, o *Carnaval*, de Dvorák, as aberturas *1812* e *Romeu e Julieta*, de Tchaikovsky, e ainda *Cockaigne*, de Elgar.

O poema sinfônico

O **poema sinfônico** foi criado por Liszt. Tal como a abertura de concerto, é uma obra para orquestra em um só movimento e também de sentido descritivo, mas geralmente mais longa e de construção mais livre. A concepção de Liszt era de que, em um poema sinfônico, a música tiraria sua forma do padrão das ideias ou eventos que a engendraram. Para trazer unidade à música, contudo, ele usou o que chamava de **transformação temática**. Essa expressão pomposa significa apenas que um tema básico é recorrente por toda a peça, mas em contínua transformação, de caráter e de espírito, de modo a corresponder a cada situação (recurso parecido, de fato, com a *idée fixe* de Berlioz).

Liszt compôs 13 poemas sinfônicos, dentre os quais *Tasso*, *Les Préludes* e *Mazeppa* (todos baseados em poemas); *Hamlet* (inspirado na peça de Shakespeare); e *Orpheus* (com base na lenda grega). A ideia do poema sinfônico foi logo adotada por outros compositores, como Saint-Saëns (*Dança Macabra*), Smetana (*Vltava*), Mussorgsky (*Uma Noite no Monte Calvo*), Dukas (*O Aprendiz de Feiticeiro*) e Richard Strauss (*Don Juan* e *Till Eulenspiegel*).

Exercício 63

Ouça uma peça de música programática, tendo antes o cuidado de informar-se sobre o assunto em que se baseou seu compositor.

a) Que ideias do "programa" são transmitidas de modo mais inteligível e de que forma o compositor conseguiu descrevê-las por meio de música?
b) Você acha essencial conhecer detalhadamente o "programa" antes de ouvir a música, ou seria capaz de deduzi-lo a partir exclusivamente dela?

Música incidental (ou de cena)

A expressão música incidental ou de cena refere-se à música especialmente composta para ser ouvida em certos momentos de representação de alguma peça. Ou seja, para criar determinada atmosfera no começo de um ato ou de uma cena, para entreter a plateia durante a troca de cenários e até mesmo para fazer fundo sonoro no decorrer do espetáculo. Uma vez que muitas peças dessa categoria são intencionalmente descritivas, também podem ser classificadas como música programática.

Suítes

Tornou-se comum o compositor reunir diversas peças de música incidental de sua autoria e delas fazer uma suíte para ser executada como obra de concerto. Como exemplos temos *Sonho de uma Noite de Verão*, de Mendelssohn, escrita para a peça de Shakespeare; *L'Arlésienne*, a música de Bizet para a obra teatral de Daudet; e *Peer Gynt*, a peça de Ibsen para a qual Grieg fez a música. Outro tipo de suíte era aquela constituída com músicas selecionadas de balé – por exemplo, *O Lago dos Cisnes*, *A Bela Adormecida* e *Quebra-Nozes*, todas de Tchaikovsky.

O concerto

Durante o romantismo, o concerto passou por diversas mudanças, tanto no caráter como na concepção. No primeiro movimento, em vez da "dupla exposição" encontrada nos concertos clássicos, havia apenas uma – geralmente, com o solista entrando logo de início para, em seguida, compartilhar os temas com a orquestra. A cadência passou a ser escrita pelo próprio compositor, em vez de ficar à mercê da capacidade de improvisação do solista. E era mais provável que fosse colocada antes, e não depois, da seção de recapitulação.

Embora a maioria dos concertos ainda fosse escrita em três movimentos, alguns compositores procuraram novas ideias. Mendelssohn, em seu Concerto para Violino, escreveu passagens de ligação unificando os três movimentos; Liszt concebeu o seu Segundo Concerto para Piano em um só movimento, valendo-se da técnica por ele chamada de "transformação temática"; e Brahms compôs seu Segundo Concerto para Piano em quatro movimentos, introduzindo um Scherzo antes do terceiro, de andamento lento.

O concerto romântico usava grandes orquestras; e os compositores, agora sob o desafio da habilidade técnica dos virtuoses, tornavam as partes de solo cada vez mais difíceis. Tanto o Primeiro Concerto para Piano como o Concerto para Violino de Tchaikovsky foram, por exemplo, inicialmente considerados inexequíveis, tamanha era a dificuldade técnica de sua execução.

A educada competição entre solo e orquestra, que existira nos concertos clássicos, agora se transformava em um emocionante e dramático duelo entre duas forças aparentemente desiguais: um único solista contra toda a massa e o poder de uma grande orquestra. Entretanto, graças ao virtuosismo dos intérpretes e ao talento dos compositores, a parte de solo sempre emerge da batalha coberta de magníficas glórias!

A maior parte das vezes, o violino ou o piano eram o instrumento escolhido para fazer a parte de solo nos concertos, embora Schumann, Dvorák e Elga tenham composto belos concertos para violoncelo.

Exercício 64

Ouça uma parte de algum concerto de compositor romântico.
a) Que diferenças você vê entre essa obra e um concerto de compositor clássico?
b) De todas as formas de composição, o concerto é uma das preferidas – tanto do público como dos compositores. A seu ver, qual seria a razão para isso?

O drama musical de Wagner

Por suas realizações e pela influência que exerceu sobre outros compositores, Wagner representa a força musical mais poderosa que surgiu depois de Beethoven. Praticamente toda a sua obra é constituída de óperas, em sua maioria baseada em lendas germânicas, ou pelo menos nórdicas, com libreto escrito por ele próprio. Suas óperas mais conhecidas são *O Navio Fantasma, Lohengrin, Tristão e Isolda, Os Mestres Cantores de Nuremberg* – e quatro óperas (*O Ouro do Reno, A Valquíria, Siegfried* e *Crepúsculo dos Deuses*) que constituem o gigantesco ciclo *O Anel dos Nibelungos*, escrito para ser levado à cena durante quatro noites seguidas.

Em vez do termo "ópera", Wagner preferiu chamar suas obras de **dramas musicais**. Seu objetivo, segundo ele próprio explicou, era promover a perfeita fusão de todas as artes cênicas – o canto, a representação, os costumes e o cenário, a iluminação e os efeitos de cena. É a orquestra, contudo, que mais contribui para o resultado final.

Wagner era mestre na orquestração, criando novas combinações de timbres e texturas ricamente variadas. Sua orquestra é geralmente enorme: uma grande seção de cordas, a das madeiras dispostas em trios e uma potente seção de metais – às vezes, com oito trompas, quatro trompetes, quatro trombones e pelo menos cinco tubas. A percussão também desempenhava importante papel.

Uma orquestra tão grande assim, naturalmente, podia trazer determinados tipos de problemas aos cantores. Quando Wagner planejou o teatro que foi especialmente construído para a representação de suas óperas, em Bayreuth, fez com que a orquestra fosse colocada abaixo do palco, de modo que os cantores pudessem projetar suas vozes diretamente para a plateia.

As óperas de Wagner são muito extensas, algumas com quatro ou cinco horas de duração. Em vez de estruturá-las em "números" distintos (com recitativos, ária, coros etc.), ele dá continuidade à música e ao drama valendo-se do que chama de "melodia ininterrupta", ou seja, tecendo a música continuamente do princípio ao fim de cada ato. Dentro da textura se encontram os temas, variados e não muito longos, comumente chamados **leitmotiv** (em alemão, "motivos condutores"), cada qual expressando determinado tipo de emoção ou de caráter, ou talvez algum objeto (o ouro, uma espada, um anel), ou algum lugar (o rio Reno ou o Valhala, morada dos deuses). Durante o curso da ópera, Wagner continuamente desenvolve os motivos, mudando-os ou transformando-os, de acordo com a situação do momento (processo que tem muito a ver com a *idée fixe* de Berlioz ou a transformação temática de Liszt).

No exemplo que damos aqui (tirado de uma das óperas que compõem o ciclo *O Anel dos Nibelungos*), A mostra o *leitmotiv* representando o herói, Siegfried; B, como ele aparece, depois de muitas transformações, na marcha fúnebre tocada após sua morte.

Ocasionalmente, Wagner introduz *leitmotiv* nas partes vocais, porém o mais comum é eles estarem entretecidos nas partes orquestrais, para poderem contribuir com algum comentário sobre o drama ou mesmo trazer alguma informação sobre o estado de espírito dos personagens, revelando-lhes os pensamentos e as emoções, os intentos e as reações.

As partes vocais na ópera wagneriana estão escritas em um estilo que combina as características do recitativo com as da ária. As melodias baseiam-se nos ritmos da fala, embora sejam líricas e cantadas, passando livremente pelas tonalidades mais inesperadas. As harmonias são de rico cromatismo, com poderoso emprego da dissonância. Muitas vezes, em vez de uma esperada resolução consonante, surgem dissonâncias misturando-se a outras mais.

Uma dramática cena de Siegfried.

Exercício 65 Ouça uma parte de alguma ópera de Wagner e, em seguida, a música de outro compositor de óperas do período romântico, como Verdi ou Puccini.

Descreva como cada compositor procura atingir seu efeito total (por exemplo: tipo de textura, melodia e harmonias que ele emprega; tipo da orquestra e o equilíbrio entre esta e as partes vocais).

O nacionalismo no século XIX

Mais ou menos até a metade do século XIX, toda a música fora praticamente dominada pelas influências germânicas. Foi quando compositores de outros países, particularmente da Rússia, da Boêmia (futura província da Tchecoslováquia) e da Noruega, começaram a sentir necessidade de se libertar dessas influências e descobrir um estilo musical que lhes fosse próprio. Isso deu origem a uma forma de romantismo chamada **nacionalismo**.

Um compositor é considerado "nacionalista" quando visa deliberadamente expressar, em sua música, fortes sentimentos por seu país, ou quando, de certo modo, nela imprime um caráter distintivo através do qual sua nacionalidade se torna facilmente identificável. Os principais meios por ele utilizados para atingir tais objetivos são o uso de melodias e ritmos do folclore de seu país e o emprego de cenas tiradas do dia a dia, das lendas e histórias de sua terra, como base para obras como óperas e poemas sinfônicos.

Rússia O primeiro compositor russo a trazer o elemento nacionalista para a música foi Glinka, na ópera *Uma Vida pelo Czar* (1836). Sua liderança foi tomada, na década de 1860, pelo "Grupo dos Cinco" ou "O Grupo Poderoso": Balakirev, Borodin, Cui, Mussorgsky e Rimski-Korsakov. Seu objetivo era compor em um estilo que fosse de caráter genuinamente russo. Trabalhavam juntos, frequentemente se ajudando no acabamento e orquestração das peças. Dentre suas obras mais conhecidas, as que mostram mais fortemente o espírito nacionalista russo são o poema sinfônico *Rússia*, de Balakirev; a ópera *Príncipe Igor*, de Borodin (que inclui as *Danças Polovitsianas*, com seus tons bárbaros e exuberantes); a ópera *Boris Godunov* e o poema sinfônico *Uma Noite no Monte Calvo*, de Mussorgsky; e as óperas *A Donzela de Neve* e o *Galo de Ouro*, juntamente com a suíte sinfônica *Sheherazade*, todas de Rimski-Korsakov.

Boêmia Na Boêmia, Smetana foi atingido pela febre nacionalista, manifestada sobretudo em sua ópera *A Noiva Vendida*, inspirada na vida campestre tcheca, e nos seis poemas sinfônicos intitulados *Má Vlast* [*Meu País*], baseados em cenas e lendas da Tchecoslováquia, bem como em sua história. *Vltava* (O Moldávia), o segundo poema, dá o trajeto do rio que passa pela cidade de Praga, desde as suas nascentes. Dvorák foi outro que escreveu poemas sinfônicos baseados em lendas tchecas (frequentemente macabras), tais como *O Espírito* *das Águas* e *A Roca de Ouro*. Em suas pitorescas *Danças Eslavas*, ele se vale dos ritmos de danças tchecos, como a polca e a *furiant*, mas compondo melodias originais.

Noruega

O compositor norueguês Grieg teve sua educação musical na Alemanha, mas, de volta a seu país, decidiu-se por uma música baseada em elementos do folclore da Noruega que estão nitidamente expressos em suas *Danças Norueguesas*, em suas canções e na obra para piano intitulada *Peças Líricas*.

Exercício 66

Ouça duas ou três obras de compositores nacionalistas do século XIX. Que elementos eles empregam para trazer à música a atmosfera característica de seus países?

O espírito nacionalista se estendeu a outros países, particularmente à Espanha, onde Albéniz, Granados e de Falla absorveram em suas composições os elementos característicos das danças e cantos espanhóis. Mas o estilo exuberante do folclore espanhol não deixou de fascinar compositores de outras terras, como se vê na ópera "espanhola" *Carmen*, do francês Bizet, e no *Capricho Espanhol*, com soberba orquestração, do russo Rimski-Korsakov.

A música coral no século XIX

As mais importantes realizações dos compositores românticos no campo da música coral estão na forma do oratório e do réquiem (missa fúnebre). Dentre os mais belos oratórios se incluem o *Elias*, de Mendelssohn, composto nos moldes de Händel; *L'Enfance du Christ* [*A Infância de Cristo*], de Berlioz; e *The Dream of Gerontius* [*O Sonho de Gerôncio*], de Elgar, que, em vez de se basear em algum texto bíblico, constitui o arranjo de um poema religioso.

Certas missas de réquiem são importantíssimas e algumas parecem mais apropriadas para serem executadas em uma sala de concertos do que em uma igreja. O réquiem de Berlioz, por exemplo, exige uma imensa orquestra com oito pares de tímpanos e quatro grupos extras de metais, posicionados nos quatro cantos do coro e da orquestra. O réquiem de Verdi, embora de estilo dramático (por vezes teatral), é sincero em seu sentimento religioso. Em nítido contraste com essas duas obras está o calmo e sereno réquiem do compositor francês Fauré. Mas provavelmente a melhor obra coral do século XIX é o réquiem de Brahms, composto por ocasião da morte de sua mãe. Para essa obra, em vez de musicar o usual texto latino, Brahms selecionou passagens significativas da Bíblia.

O romantismo tardio

Alguns compositores trouxeram a tradição romântica até o século XX; destes, Gustav Mahler e Richard Strauss talvez tenham sido os mais importantes. Ambos são conhecidos por seus belos *Lieder*. Strauss, também por suas óperas e poemas sinfônicos, e Mahler por suas sinfonias, quase todas com uma hora ou mais de duração.

Esses dois compositores quase sempre necessitam de forças gigantescas para a execução de suas obras. O longo poema sinfônico de Strauss *Assim Falou Zaratustra* (1896) requer três flautas e flautim, três oboés e corne-inglês, três clarinetas e um clarone (clarineta baixo), três fagotes e um contrafagote; seis trompas, quatro trompetes, três trombones e duas tubas; tímpanos, bombo, triângulo, címbalo e *glockenspiel*, um sino baixo em mi; duas harpas, órgão e mais a seção de cordas.

Mahler, em algumas de suas sinfonias, inclui solo vocal e coro, seguindo o exemplo de Beethoven na Nona Sinfonia (*Coral*). A Oitava de Mahler é chamada *Sinfonia dos Mil*, pois, para ter uma execução ideal, precisaria de no mínimo mil músicos. A uma enorme orquestra de 130 instrumentistas, fora os metais extras que emprega, Mahler acrescenta oito vozes solistas, dois grandes coros mistos e mais um coro de 400 crianças. O poder resultante dessa combinação de forças pode ser esmagador, embora haja momentos – como em todas as sinfonias de Mahler – em que a orquestração se faz límpida e delicada. Enquanto o estilo de Strauss em geral se baseia em uma harmonia de acordes, o de Mahler tende a tecer uma sinuosa trama contrapontística.

Mahler escreveu a Oitava Sinfonia em 1906. Nessa época, muitos compositores já estavam reagindo contra o romantismo tardio – considerado um estilo excessivo e ultrapassado – e lutando para abrir novos caminhos. É o que veremos no próximo capítulo.

Principais características da música romântica

1. Maior liberdade de forma e concepção; plano emocional expresso com maior intensidade e de forma mais personalista, na qual a fantasia, a imaginação e o espírito de aventura desempenham importante papel.
2. Ênfase em melodias líricas, do tipo canção; modulações ousadas; harmonias mais ricas, frequentemente cromáticas, com o uso de surpreendentes dissonâncias.
3. Texturas mais densas e pesadas, com corajosos contrastes dramáticos, explorando uma gama maior de sonoridades, dinâmica e timbres.
4. Expansão da orquestra, por vezes a proporções gigantescas; invenção do sistema de válvulas, que propicia o desenvolvimento da seção de metais, cujo peso e força muitas vezes dominam a textura.
5. Rica variedade de tipos, desde canções e pequenas peças para piano até gigantescos empreendimentos musicais de longa duração, estruturados com espetaculares clímaxes dramáticos e dinâmicos.
6. Estreita ligação com as outras artes, donde o grande interesse pela música programática (sinfonia descritiva, poema sinfônico e abertura de concerto).
7. Em obras muito extensas, a forma e a unidade são obtidas pelo uso de temas recorrentes (às vezes modificados/desenvolvidos): *idée fixe* (Berlioz), transformação temática (Liszt), *leitmotiv* (Wagner) e *mottos*.
8. Maior virtuosismo técnico, sobretudo dos pianistas e violinistas.
9. Nacionalismo: reação contra a influência alemã, principalmente de compositores da Rússia, Boêmia e Noruega.

Exercício 67

Pesquisa Escolha cinco compositores românticos dentre aqueles que figuram no quadro na p.45. Informe-se a respeito de sua vida e obra e faça um breve resumo sobre cada um deles.

Exercício 68

O espaço do quadro da p.45 só foi suficiente para abrigar os nomes dos compositores românticos mais importantes. Cite alguns outros que poderiam figurar junto aos que lá estão, mencionando-lhes a nacionalidade.

Exercício 69

Dê um exemplo dos seguintes tipos de peças, mencionando o nome e a nacionalidade dos respectivos compositores:
sinfonia descritiva; Lied; suíte de música incidental; ópera romântica; poema sinfônico; concerto de piano romântico; obra coral do século XIX; abertura de concerto.

Exercício 70

Explique o que entende por:
noturno; poema sinfônico; música incidental; música absoluta ou pura; estudo; virtuose; *Lieder*; canção inteiramente composta (*durchcomponiert*), *leitmotiv*; nacionalismo.

Exercício 71   Qual das peças ouvidas lhe pareceu mais característica do estilo romântico do século XIX? Ouça-a novamente e descreva as propriedades que o levaram a escolher essa música em particular.

Exercício 72   Imagine que você vá a um concerto para ouvir uma sinfonia clássica, seguida de outra de um compositor romântico. Que diferenças espera encontrar entre as duas obras?

Exercício Especial C

Este é outro exercício que exige certo faro de detetive musical. Nos quadros abaixo, você encontrará vários tipos de música, pertencentes aos cinco períodos em que dividimos sua história. Sua tarefa será ouvir um programa constituído por vários trechos tirados dessas obras. Ao ouvir, procure identificar o estilo do período de cada um deles e também o tipo de peça que está sendo tocado.

Medieval (por volta de 1450)

- um cantochão
- um exemplo de *organum*
- uma dança medieval
- uma canção medieval
- um moteto do século XII

Renascentista (1450-1600)

- um moteto ou um *verse anthem* do século XVI
- um madrigal renascentista
- uma peça para teclado da época dos Tudor
- uma música de dança tocada por instrumentos da Renascença
- uma música veneziana, ao estilo policoral

Barroco (1600-1750)

- um movimento de um concerto grosso
- parte de um oratório
- uma fuga para teclado
- trecho de uma ópera barroca
- um prelúdio coral

Clássico (1750-1810)

- um movimento de uma sonata clássica
- o terceiro movimento de uma sinfonia
- trecho de uma ópera
- o Finale de um quarteto de cordas
- parte de um concerto clássico

Romântico (1810-1910)

- um Lied do século XIX
- uma passagem de alguma ópera romântica
- parte de uma sinfonia ou poema sinfônico
- uma peça para piano
- uma dança de compositor nacionalista

Antes de ouvir: Refresque sua memória das principais características de estilo de cada período relendo as listas de identificação ao final dos capítulos. (Você também encontrará um quadro sinóptico, na p.80, que lhe será útil neste exercício.)

Enquanto estiver ouvindo: Anote todas as características que for descobrindo e também outros detalhes interessantes que perceber nas músicas.

Depois de ouvir: Organize suas descobertas escrevendo um breve relatório sobre cada uma das peças, incluindo:
  a) o período musical em que foi composta e, se possível, o nome do compositor
  b) o tipo de música, destacando as forças utilizadas em sua execução
  c) todas as outras "dicas" que descobriu enquanto ouvia as músicas e que o ajudaram na tarefa de identificação

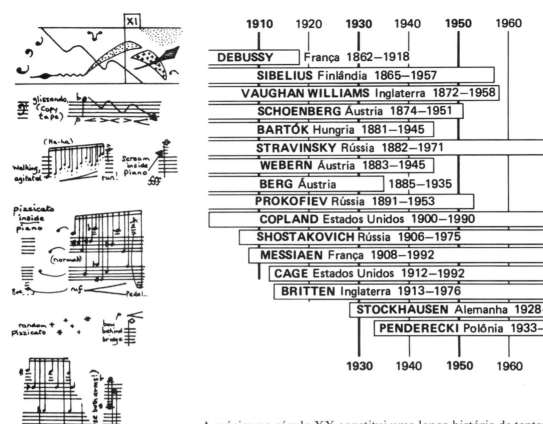

7
Música no Século XX

A música no século XX constitui uma longa história de tentativas e experiências que levaram a uma série de novas e fascinantes tendências, técnicas e, em certos casos, também à criação de novos sons, tudo contribuindo para que este seja um dos períodos mais empolgantes da história da música. À medida que aparece uma nova tendência, um novo rótulo surge imediatamente para defini-la, daí resultando um emaranhado de nomes terminados em "ismos" e "dades". No entanto, como iremos ver, a maioria desses rótulos compartilha uma coisa em comum – todos representam uma reação consciente contra o estilo romântico do século XIX. Tal fato fez com que certos críticos descrevessem essa música como "antirromântica". Dentre as tendências e técnicas mais importantes da música do século XX encontram-se:

Impressionismo	Atonalidade	Microtonalidade
Nacionalismo do século XX	Expressionismo	Música concreta
Influências jazzísticas	Pontilhismo	Música eletrônica
Politonalidade	Serialismo	Serialismo total
	Neoclassicismo	Música aleatória

Nem todos os compositores do século XX, porém, usam técnicas radicais. Alguns têm continuado a compor segundo aquilo que é basicamente identificado como o apaixonado estilo romântico, embora injetando em suas obras certo grau de vitalidade rítmica e de dissonância que as define, sem dúvida alguma, como pertencentes a este século. Exemplos são o compositor inglês William Walton (especialmente com os seus concertos para viola, violino e *cello*) e o norte-americano Samuel Barber. E há também aqueles que desafiam toda classificação ou rótulo, a não ser que se lhes dê o de "tradicionalistas", pois são músicos que criaram um estilo característico e pessoal, baseado principalmente nas tradições do passado. É o caso de Benjamin Britten, que se tem recusado a seguir qualquer tendência da moda, continuando a trabalhar com o mesmo material musical de sempre, que ele molda e apresenta de forma nova, muitas vezes surpreendente, conseguindo resultados originais, imaginativos e de tocante sinceridade. Dentre as suas melhores obras se acham a *Serenade* para tenor, trompa e cordas; a ópera *Peter Grimes; Spring Symphony* [sinfonia *Primavera*]; e *Um Réquiem de Guerra*.

Enquanto a música nos períodos anteriores podia ser identificada por um único e mesmo estilo, comum a todos os compositores da época, no século XX ela se mostra como uma mistura complexa de muitas e diferentes tendências. No entanto, se investigarmos melhor quatro dos mais importantes componentes da música, encontraremos uma série de características ou marcas de estilo que permitem definir uma peça como sendo do século XX. Por exemplo:

Melodias é provável que incluam grandes diferenças de altura, frequentemente fazendo uso de intervalos cromáticos e dissonantes. São curtas e fragmentadas, angulosas e pontiagudas, em lugar das longas e sinuosas sonoridades românticas; os glissandos (o deslizar de notas seguidas) podem ser empregados; em algumas peças, a melodia pode ser totalmente inexistente.

Harmonias apresentam dissonâncias radicais, com acordes consonantes em proporção muito inferior (às vezes totalmente evitados); podem aparecer os *clusters* (notas adjacentes tocadas simultaneamente) – aglomerados.

Ritmos vigorosos e dinâmicos, com amplo emprego de sincopados (a acentuação incidindo sobre os tempos fracos); métricas inusitadas, como compassos de cinco ou sete tempos (cujas raízes muitas vezes estão na música folclórica); mudanças de métrica de um compasso para outro; uso de polirritmias – diferentes ritmos ou métricas ocorrendo ao mesmo tempo, resultando em um "contraponto rítmico"; de artifícios de *ostinato* (repetição "obstinada"); ou de enérgicos "ritmos motores", que impulsionam inexoravelmente a música para a frente.

Timbres a maior preocupação com os timbres leva à inclusão de sons estranhos, intrigantes e exóticos; fortes contrastes, às vezes até explosivos; expansão e, de modo geral, o uso mais enfático da seção de percussão; sons desconhecidos tirados de instrumentos conhecidos, como instrumentos tocados em seus registros extremos, metais usados com surdina e cordas produzindo novos efeitos, com o arco tocando por trás do cavalete ou batendo com a ponta no corpo do instrumento; sons inteiramente novos, provenientes de aparelhagens eletrônicas e fitas magnéticas.

Exercício 73   Procure ouvir trechos das seguintes peças:
• Stravinsky: *A Sagração da Primavera*
• Walton: *O Festim de Baltazar*
• Bartók: *Allegro barbaro*
• Schoenberg: *Cinco Peças para Orquestra*, Op. 16
• Britten: *Peter Grimes*
• Varese: *Ionisation*
• Stockhausen: *Kontakte*
• Penderecki: *Treno para as Vítimas de Hiroxima*

Ao ouvir as peças, observe o tratamento dado pelo compositor aos seguintes elementos: melodia, harmonia, ritmo e timbre. Em seguida, classifique-os de acordo com a importância que o compositor lhes dá na música. (Ou será que, na verdade, ele não excluiu algum desses elementos?)

Passemos agora ao estudo das correntes mais importantes da música do século XX. Mas antes precisamos voltar por um momento ao século XIX.

Impressionismo

O compositor e regente francês Pierre Boulez já sugeriu que "a música moderna começa com *L'Après-Midi d'un Faune*, de Debussy". Essa foi a primeira obra importante do compositor, terminada em 1894, naquilo que se chamou de estilo **impressionista** – termo tomado do estilo de pintura de um grupo de artistas franceses conhecidos como impressionistas. Em vez de fazerem suas pinturas parecerem "reais", esses artistas procuravam dar meramente uma impressão, como a que os olhos percebem de relance: a impressão de vagos e nebulosos contornos, e o jogo de luzes oscilantes e movimentos fugidios.

A intenção de Debussy, por essa época, era afastar-se do pesado estilo romântico alemão. Os meios que utilizou para conseguir isso foram comparados às técnicas da pintura impressionista. Do mesmo modo que os pintores lidavam com luzes e cores, Debussy trabalhava com harmonias e timbres instrumentais. Usava os sons por seu efeito expressivo, como "cores", e era mais confiante em seu instinto musical do que obediente às regras da harmonia, de modo que os acordes dissonantes (frequentemente de nonas ou 13as) se fundem em outros, formando "cadeias de acordes" em movimentos paralelos. Isso dá a sua música o efeito de algo vago, fluídico, bruxuleante, que mais se acentua com o uso original que faz das escalas: as escalas modais, a pentatônica (mais facilmente encontrada tocando-se as notas pretas do piano) ou a de tons inteiros, construída a partir de seis notas a intervalos de um tom (nitidamente ouvida no início do segundo *Prélude: Voiles*, para piano – cuja tradução tanto pode ser "Velas" como "Véus").

Em suas peças orquestrais, Debussy explora inusitadas combinações de timbres, ritmos fluidos, texturas tremulantes, novos efeitos de luz e sombra: evitando um delineamento muito marcado – sugerindo mais que definindo. Suas melhores composições para orquestra no estilo impressionista incluem: *L'Après-Midi d'un Faune*, *Nocturnes*, *Images* e *La Mer*.

De outros compositores impressionistas, podemos citar *Noites nos Jardins de Espanha*, de Falla, e *Pinheiros de Roma*, de Respighi.

"As Casas do Parlamento", do pintor impressionista Claude Monet.

Exercício 74

Ouça uma obra de Debussy e descreva as muitas características de sonoridade que tornam essa música "impressionista".

O nacionalismo no século XX

A corrente **nacionalista,** iniciada durante a segunda metade do século anterior, penetrou no século XX. Nos Estados Unidos, Charles Ives, em suas composições, fez uso de canções folclóricas, músicas de dança, marchas e até mesmo hinos; e Aaron Copland, em seus balés *Rodeo* e *Billy the Kid*, incluiu canções de *cowboys*.

Certos compositores, como Vaughan Williams na Inglaterra e Bartók e Kodáli na Hungria, fizeram uma abordagem científica: recolheram cantos folclóricos e estudaram minuciosamente seus padrões rítmicos e melódicos – que frequentemente percebiam basear-se em modos e escalas incomuns. Algumas vezes, as peças que escreveram foram diretamente calcadas em canções folclóricas que haviam descoberto – por exemplo, a *Sonatina* (baseada em cantos da Transilvânia) e as *Danças Folclóricas Romenas*, de Bartók, as *Danças de Galánta*, de Kodáli, e *Five Variations of "Dives and Lazarus"*, de Vaughan Williams. Mais frequentemente, porém, procuravam incluir apenas os componentes essenciais da música folclórica que estudavam, sem fazer realmente citações melódicas. Como observou o próprio Bartók: "Nossa tarefa era descobrir o *espírito* dessa música desconhecida e torná-lo a base de nossos próprios trabalhos." Isso iria tornar-se elemento essencial no estilo de Bartók, notadamente em peças como *Suíte de Dança*, *Música para Cordas, Percussão e Celesta* e Sonata para Dois Pianos e Percussão.

Dois outros grandes compositores do século XX, Sibelius e Shostakovich, são nacionalistas em um sentido mais estrito. Sibelius baseou muitas de suas obras em lendas finlandesas. Embora nunca usasse canções folclóricas, muitas de suas músicas (inclusive suas sete sinfonias, que são música "absoluta") evocam a atmosfera de sua Finlândia natal. Shostakovich identificou-se intimamente com seu país em grande parte da música que produziu. Suas realizações mais importantes são as quinze sinfonias, muitas destas retratando fatos da história soviética – por exemplo, a N.7 (*Leningrado*), a N.11 (*O Ano de 1905*) e a N.12 (*O Ano de 1917*).

Influências jazzísticas

Vários componentes estilísticos da música do século XX podem ser atribuídos à influência do *jazz* norte-americano: grande vitalidade nos ritmos, por vezes fortemente sincopados; melodias sincopadas sobre ritmo constante; *blue notes* – a bemolização de certas notas da escala, como a terceira e a sétima; efeitos de surdina; maior interesse pelos sons de percussão; e instrumentos tocados em registros estridentes.

Alguns compositores – como Ravel, Milhaud, Gershwin, Kurt Weill, Stravinsky, Walton e Copland – enfatizaram deliberadamente muitos desses elementos jazzísticos em alguns de seus trabalhos. Por exemplo: Milhaud em seu balé *La Création du Monde*; Stravinsky em seu *Ragtime* para onze instrumentos e na *Histoire du Soldat*; e Gershwin em Concerto para Piano, *Um Americano em Paris* e *Rhapsody in Blue* (que ele mesmo descreveu como "peça de concerto de inspiração jazzística").

Exercício 75

Ouça uma das composições acima mencionadas. Que elementos do jazz você percebeu como tendo sido mais enfatizado?

Politonalidade

Quando falamos da **tonalidade** de uma peça, referimo-nos ao seu tom. Em uma música escrita em dó maior, por exemplo, o ouvido se sentirá fortemente "atraído" pelo dó, a nota *tônica*, a que tem maior peso dentro de determinada tonalidade. Em seguida, na ordem de importância, vem a dominante – no caso, a nota sol.

Certos compositores do século XX, contudo, introduziram a técnica da **politonalidade** – passaram a utilizar dois ou mais tons ao mesmo tempo (quan-

Stravinsky: *Petruchka*
(2 clarinetas)

do há apenas dois tons, fala-se, por vezes, de **bitonalidade**). Exemplos de politonalidade podem ser encontrados nos balés *Petruchka* e *A Sagração da Primavera*, de Stravinsky; no *Bolero* de Ravel, onde três tons (dó, mi, sol) são envolvidos simultaneamente na terceira entrada de seu famoso tema; e em "Putnam's Camp", da obra orquestral *Three Places in New England*, do compositor norte-americano Charles Ives (a impressão de bandas marciais competindo em diferentes tonalidades).

Atonalidade

Atonalidade significa a ausência total de tonalidade. A música atonal evita qualquer tonalidade ou modo, fazendo livre uso de todas as 12 notas da escala cromática. Uma vez que se dá igual importância a todas as notas, deixa de haver qualquer força de atração convergindo para um centro tônico. A atonalidade foi a consequência lógica de uma tendência iniciada no período romântico. Certos compositores (Wagner em particular) já haviam usado livremente acordes dissonantes cromáticos – introduzindo notas estranhas à tonalidade para "colorir" suas harmonias. Com o decorrer dos anos, tantos foram os cromatismos introduzidos, ao lado de ousadas e repentinas modulações, que em certos momentos o ouvinte já não tinha certeza da tonalidade em que a música fora construída. Gradualmente, a tonalidade – o sistema tonal maior-menor que por 300 anos dominou a música ocidental – se enfraqueceu, e começou a ruir por terra.

Algumas técnicas adotadas por Debussy – principalmente o uso de acordes dissonantes em movimento paralelo e da escala de tom inteiro – contribuíram muito para esse enfraquecimento. Se você observar com atenção o exemplo da p.70, verá que é impossível formar qualquer acorde comum, como dó-mi-sol, com as notas dessa escala.

Todos esses procedimentos acabaram por levar à atonalidade, que se tornou a própria essência do estilo dos compositores expressionistas.

Expressionismo

"O Grito", de Edvard Munch.

Esse é outro termo tomado da pintura – no caso, da escola expressionista, que floresceu em Viena no princípio do século XX. Com tons extremamente vigorosos, os pintores dessa escola jogavam sobre as telas suas experiências e estados de espírito mais íntimos: o mundo tenebroso de seus terrores mais secretos e as fantásticas visões do subconsciente – muitas vezes sugerindo a desagregação mental.

Na música, o **expressionismo** começou como um exagero, até mesmo uma distorção, do romantismo tardio, em que os compositores passaram a despejar na música toda a carga de suas emoções mais intensas e profundas. Dentre os que escreviam em estilo expressionista estavam Arnold Schoenberg (que também era pintor) e seus alunos: Alban Berg e Anton Webern. Os três, trabalhando juntos na capital austríaca, tornaram-se conhecidos como "A Segunda Escola de Viena".

Na primeira fase, a música expressionista apoiava-se em harmonias que se tornavam cada vez mais cromáticas, o que acabou levando à atonalidade. A música expressionista em estilo atonal é caracterizada por harmonias extremamente dissonantes; melodias frenéticas, desconjuntadas, incluindo grandes saltos; contrastes violentos e explosivos, com os instrumentos tocando asperamente nos extremos de seus registros. O expressionismo foi prefigurado no sexteto de cordas *Noite Transfigurada*, de Schoenberg, escrito em 1899. Em 1908 ele compôs o Segundo Quarteto de Cordas, que inclui no terceiro e no quarto movimentos uma voz de soprano. Mas é no quarto movimento que Schoenberg abandona de vez a tonalidade, partindo para sua primeira aventura atonal. (O soprano começa, muito apropriadamente: "Sinto o ar de outro planeta... Dissolvo-me em sons...")

"Pontilhismo"

Outras importantes obras do expressionismo atonal incluem, de Schoenberg, *Cinco Peças para Orquestra*, Op. 16, e *Pierrot Lunaire*, para soprano e cinco instrumentistas (a parte vocal está escrita conforme o que ele chama de **Sprechgesang** – meio falada, meio cantada). De Alban Berg, *Três Peças para Orquestra*, Op. 6, e a bela ópera *Wozzeck*. De Anton Webern, *Cinco Peças para Orquestra*, Op. 10. Nas obras de Webern – muito curtas e extremamente concentradas –, todos os instrumentos são tratados como solistas, quase sempre tocando notas isoladas – raramente mais que três ou quatro ao mesmo tempo. O resultado é um tecido sonoro que consiste em timbres instrumentais dardejando diminutas fagulhas luminosas (descritas por Stravinsky como "o cintilar dos diamantes de Webern"). Essa técnica tem sido comparada com a dos pintores pontilhistas (Seurat, por exemplo), que, em vez de boas e largas pinceladas, jogavam sobre suas telas uma infinidade de minúsculas fagulhas ou pontículos.

Exercício 76 — Procure ouvir uma peça de Schoenberg, Webern ou Berg. Que traços a identificam como sendo do estilo expressionista?

Serialismo ou dodecafonismo

Tendo abandonado o sistema maior-menor em favor da música atonal, Schoenberg chegou à conclusão de que era necessário formular outro princípio para substituir o da tonalidade – um novo procedimento, em termos de composição, que desse unidade e coerência a uma peça atonal. A solução encontrada foi o que chamou de **sistema dodecafônico** ou **serialismo**.

Na composição de uma peça dodecafônica, o compositor ordena, inicialmente, todas as 12 notas da escala cromática, segundo uma ordem de sua própria escolha. Forma então uma sequência de notas, a **série fundamental** em que vai basear toda a composição. As 12 notas têm igual importância. Nenhuma deve aparecer fora de sua vez (ainda que, em certas circunstâncias, uma nota possa ser imediatamente repetida), embora qualquer nota da série possa ser usada em qualquer oitava. A série, além de sua forma **original**, pode estar escrita das seguintes maneiras: **retrógrada**, quando for lida de trás para a frente; em **inversão**, de baixo para cima; ou ao mesmo tempo de trás para diante e de baixo para cima, quando ocorre a **inversão retrógrada**.

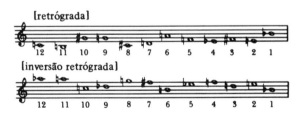

Cada uma dessas séries pode ser transposta, começando em qualquer nota da escala cromática. O compositor pode então usar qualquer uma dessas versões quer horizontalmente, para construir temas (que podem ser tecidos em contraponto), quer colocando as notas na vertical, para formar acordes como harmonias de apoio. Em qualquer forma, naturalmente, as séries só fornecem ao compositor o material básico – a série de notas. Ele deve usar o talento e a imaginação para aplicar esse material na construção de temas e acordes, na formulação de padrões rítmicos, na maneira de selecionar timbres instrumentais e na criação de texturas.

A série mostrada acima foi a que Schoenberg imaginou para suas *Variações para Orquestra*, Op. 31. Depois de uma introdução de mais ou menos 75 segundos, terminada com uma pequena pausa, os *cellos* entram com o tema. Este consiste em uma série em quatro versões, na seguinte ordem: 1) original,

2) inversão retrógrada, 3) retrógrada e 4) inversão. Schoenberg transpõe (2) e (4) e, naturalmente, todas as notas da série podem vir em qualquer oitava. As harmonias do acompanhamento são feitas com as notas da série, dispostas verticalmente para formar acordes.

Os discípulos de Schoenberg, Webern e Berg também adotaram o serialismo, mas de maneiras bem diferentes. Berg foi muito mais livre em sua abordagem, usando as notas seriais fora da ordem e frequentemente trazendo material extra se lhe parecesse necessário ao efeito que desejava criar. Ele é capaz de ordenar as notas de uma série de modo a deixar implícitos acordes reconhecíveis do sistema tonal maior-menor. A série sobre a qual baseou seu elegíaco Concerto para Violino começa com uma cadeia de terças ascendentes que esboça quatro tríades entrelaçadas (sol menor, ré maior, lá menor e mi maior), terminando com quatro notas da escala de tons inteiros. Esse concerto foi escrito como um réquiem em memória de uma jovem conhecida sua, morta de paralisia infantil. No último movimento, Berg introduz um coral de Bach (*Es ist genug* [Basta]), que começa com quatro tons inteiros. Berg constrói sua música atonal em torno de um coral, de forma comovedora e plenamente convincente.

O modo como Berg mistura técnicas seriais com harmonias próprias do sistema tonal talvez seja a principal razão por que muitos ouvintes acham sua música mais acessível do que as de Schoenberg e Webern.

Webern é bem mais radical no emprego do serialismo. Seu objetivo, em geral, é criar formas perfeitas e estruturas semelhantes às que são observadas em certas flores e nos cristais minerais. Suas obras seriais incluem: a *Sinfonia*, Op. 21; o Quarteto para Clarineta, Saxofone Tenor, Piano e Violino, Op. 22; e o Concerto para Nove Instrumentos, Op. 24.

Exercício 77 Ouça algumas peças de Schoenberg, Alban Berg e Webern. Ao ouvir cada peça:
a) Descubra a qual dos componentes musicais – melodia, ritmo, harmonia e timbre – se atribuiu maior importância.
b) Descreva o tipo de textura usado por cada um desses compositores.

Neoclassicismo

Neoclassicismo é um termo que descreve um estilo de música do século XX caracterizado por forte reação do romantismo tardio. As texturas extremamente espessas e congestionadas, exigindo uma massa de executantes, foram substituídas por uma clareza de linhas e texturas característica da música anterior ao período romântico. A expressão de emoções intensas era deliberadamente evitada.

Alguns compositores buscaram inspiração no período clássico propriamente dito: o caso da música de Haydn e Mozart. Outros voltaram ainda mais no tempo, até o barroco, tendo como modelos Bach e Händel, Purcell ou Monteverdi. Na Inglaterra, Vaughan Williams inspirou-se no estilo modal dos compositores sacros da ópera Tudor (como na *Fantasia sobre um Tema de Thomas Tallis* ou na Missa em sol menor), e Tippett integrou a seu estilo original a flexível textura rítmica e o contraponto imitativo dos madrigalistas elisabetanos (como no Concerto para Dupla Orquestra de Cordas e no Segundo Quarteto de Cordas).

Na verdade, porém, o neoclassicismo denotava a reelaboração de estilos, formas ou técnicas pertencentes a qualquer período anterior ao romantismo do século XIX – portanto, sem os vícios dessa escola. Dentre as formas e concepções clássicas tipicamente "redescobertas" pelos compositores neoclássicos estão a tocata, a *passacaglia*, o *concerto grosso*, as formas de fuga e os artifícios do *ostinato*. Contudo, se os neoclássicos iam buscar suas fontes de inspiração no passado, não deixavam por isso de imprimir em suas composições marcas bem próprias do século XX: modulações repentinas, súbitas "torções" melódicas e harmonias ousadas, quase sempre introduzindo deliberadamente "notas erradas" ou fazendo uso da politonalidade. "Ritmos motores" podem ser usados para impulsionar a música vigorosamente. As texturas são frequentemente polifônicas, com estridentes dissonâncias que põem em grande relevo as linhas distintas do contraponto. As orquestras tornam-se menores e apresentam os instrumentos fazendo fortes contrastes de timbre. O estilo neoclássico é, em geral, propositadamente "frio" – dá especial preferência aos instrumentos de sopro e percussão, em detrimento da expressividade das cordas.

Obras características do estilo neoclássico são o balé *Pulcinella* (baseado em melodias de compositores barrocos, sobretudo de Pergolesi), o Concerto para Piano e Instrumentos de Sopro e a *Sinfonia dos Salmos*, de Stravinsky; os quatro Concertos, Op. 36, para piano, *cello*, violino e viola, e a Música de Concerto para Metais e Cordas, de Hindemith; o balé *Les Biches* e o *Concert Champêtre*, para cravo e orquestra, de Poulenc; diversas obras de Prokofiev, especialmente a ópera *O Amor das Três Laranjas*, os concertos e sonatas para piano, e a Sinfonia Clássica, composta – segundo explicou o autor – "tal como o teria feito Haydn, se ele vivesse em nossa época".

Exercício 78

Procure ouvir alguns trechos das músicas que mencionamos acima.
a) Que características do estilo neoclássico você pôde perceber?
b) De que maneira o neoclassicismo se opõe ao romantismo?

Novos sons, novos materiais

Muitos compositores, à procura de novos materiais para incorporar à música, viram no Oriente uma bela fonte de inspiração. Por exemplo, Olivier Messiaen, compositor francês, tem usado em suas músicas ritmos hindus e padrões métricos da poesia clássica grega. No entanto, ele os disassocia de seus contextos e significados originais para que possam servir a seus propósitos. Outro material a exercer grande fascínio sobre Messiaen é o canto dos pássaros – tanto os de sua terra como os dos lugares mais exóticos do mundo. Os ritmos e sons desses cantos, por ele registrados com incrível precisão, tornaram-se a base de muitas de suas composições, como *Réveil des Oiseaux* [*O Despertar dos Pássaros*], para piano e orquestra, *Oiseaux Exotiques*. para piano e pequena orquestra, e *Catalogue d'Oiseaux*, uma série de 13 peças para piano, baseadas em cantos dos pássaros da França.

O norte-americano John Cage é outro que se mostrou interessado tanto pela música como pelas filosofias orientais. Suas *Sonatas e Interlúdios* para "piano preparado" expressam as "permanentes emoções" – mágoa, alegria, medo e raiva – da Índia tradicional. Cage criou novos sons "preparando" o piano: nozes, correntes, parafusos, pedaços de borracha e de plástico eram inseridos sobre e sob certas cordas desse instrumento. Isso afetava tanto o timbre como a afinação das notas, produzindo sonoridades profusamente variadas, a sugerir sinos, gongos e tambores orientais.

Diversos outros compositores fizeram experiências semelhantes no intuito de produzirem novas sonoridades. Em sua obra *Treno para as Vítimas de Hiroxima*, o compositor polonês Penderecki às vezes pede que os instrumentos de corda sejam tangidos entre o cavalete e o estandarte, ou sobre o próprio estandarte, ou que o som seja tirado batendo-se com o talão do arco sobre a caixa de ressonância. Em outra obra, *A Paixão Segundo São Lucas*, ele inclui, além do canto normal, murmúrios, falas, sussurros, gritos, assovios e silvos. Como muitos outros compositores do século XX, Penderecki fez uso de *clusters* e microtons (intervalos menores que um semitom).

Toda uma nova extensão sonora – de perspectivas ilimitadas – pode ser encontrada ao se explorarem a música concreta e a música eletrônica.

Música concreta

No final da década de 1940, o compositor francês Pierre Schaeffer começou a fazer, no Estúdio de Ensaios da Rádio Francesa, experiências com o que chamou de *musique concrète* – música composta de forma "concreta", diretamente sobre fitas magnéticas, sem a abstração da simbologia musical. Os sons por ele registrados eram sons naturais, como o de uma porta batendo, uma rolha saltando da garrafa etc. Em seguida, esse material era transferido para outra fita, em que os sons eram misturados, superpostos e modificados de diversas maneiras. Pode-se modificar a altura do som alterando-se a rotação da fita (quanto maior a velocidade, mais alto será o som, e vice-versa), ou tocá-la no sentido inverso. A composição resultante é uma **montagem** de sons armazenados em fita, que pode ser tocada à vontade, dispensando a figura do "intérprete".

Exercício 79

Procure ouvir uma gravação de música concreta. Será que você consegue identificar alguns dos sons originais que aparecem transformados nessa composição?

Música eletrônica

A **música eletrônica** originou-se na Alemanha, na década de 1950, e inclui todos os sons registrados por microfones (como a música concreta) e também aqueles produzidos por geradores eletrônicos de sons. O componente básico da produção sonora é o oscilador. Os sons produzidos podem tanto ser "puros" (sem a série harmônica ou sobretons) como "impuros", dependendo da vontade do compositor. Outro tipo de sonoridade é o "som branco" – um ruído parecido com uma rajada, obtido pela soma de todas as frequências audíveis.

Os sons podem ser eletronicamente modificados de várias maneiras, incluindo-se o ajustamento de volume, a filtragem (supressão de frequências indesejadas), a adição de vibratos ("ondeamento"), reverberações (o "retardamento" do som, de modo que ele desapareça lentamente), ecos (o som é repetido enquanto vai desaparecendo). Os sons podem ser mixados juntos, sobrepostos, ou divididos em fragmentos distintos. Determinados sons também podem ser gravados em diferentes pedaços de uma fita para depois serem juntados, ou se pode fazer uma fita que retorne após o final, de modo a se repetirem os sons, criando-se assim um efeito de *ostinato*. E, naturalmente, um papel importante é desempenhado pelas técnicas básicas da música concreta, como a inversão de sons (muitas vezes produzindo um crescendo que termina com um corte abrupto) e a alteração da altura – embora, por meios eletrônicos, esta possa ser modificada gradualmente, com efeitos de glissando. Na edição da fita, as súbitas elevações e quedas de som podem ser suprimidas.

Uma composição eletrônica pode consistir somente em sons gerados eletronicamente, pré-gravados em fitas ou manipulados "ao vivo" diante do público. Ou pode ser a combinação de sons com vozes ou instrumentos, soando naturalmente ou transformados por processos eletrônicos, ao vivo ou gravados.

Um dos mais importantes compositores de música eletrônica é Karlheinz Stockhausen, autor de obras como *Kontakte*, para sons eletrônicos, piano e percussão; *Telemusik; Mikrophonie I*, para gongo, dois microfones, dois filtros e dois potenciômetros; e *Gesang der Jünglinge* [*Canção dos Jovens*], em que a voz de uma criança aparece combinada com sons eletrônicos. Outras obras eletrônicas incluem *Visage for Tape* (baseada na voz de Cathy Berberian misturada com sons eletrônicos), de Luciano Berio, e *Como una Ola de Fuerza y Luz* [*Como uma Onda de Força e Luz*], de Luigi Nono. Neste trabalho atmosférico, soprano, piano e orquestra aparecem "ao vivo" em combinação com uma fita pré-gravada que apresenta os sons eletronicamente modificados do soprano, do piano e de um coro de vozes femininas.

Serialismo total

Em 1949, Messiaen compôs uma peça para piano intitulada *Mode de Valeurs et d'Intensités* [*Modo de Valores e de Intensidades*], que baseou em séries fixas, não somente de alturas, mas também de duração (valores das notas), dinâmica e de toque (maneira de produzir o som). Isso levou o próprio Messiaen e seus dois discípulos, Boulez e Stockhausen, a fazerem experiências com o **serialismo total**, onde a altura, a duração, a dinâmica e o toque da série de 12 elementos são inteiramente controlados pelos princípios serialistas de Schoenberg. Boulez foi o primeiro a usar o serialismo total em suas *Structures I*, para dois pianos.

Mais tarde, Stockhausen chegou à conclusão de que *qualquer* aspecto do som poderia ser controlado pelos procedimentos seriais. Sua obra *Gruppen* [*Grupos*] usa uma escala de 12 tempos e é tocada por três orquestras, bem afastadas entre si, cada qual com seu regente.

Música aleatória

Enquanto o serialismo total e a música eletrônica permitem que o compositor tenha maior controle, a **música aleatória** (do latim *alea*, "dado") procura maior liberdade, jogando com certo grau de imprevisibilidade e de sorte, tanto no processo da composição quanto durante a execução da obra, ou em ambos os momentos. Que notas usar e como usá-las, essa é uma decisão que o compositor pode tomar jogando dados. Ao executante se apresentam diversas alternativas, cabendo-lhe escolher que notas ou que parte da música irá tocar, e também em que ordem o fará. A altura das notas pode ser indicada, mas não sua duração, ou vice-versa. Também se pode pedir que ele contribua com algumas notas de sua escolha, tocadas de improviso. Em algumas peças, nem mesmo as notas são fornecidas: apenas uma série de símbolos, um diagrama, um desenho, ou nada mais que uma ideia, tudo para ser livremente interpretado.

Tanto Cage como Stockhausen fizeram amplo uso de procedimentos aleatórios em suas composições. *Imaginary Landscape N.4* [*Paisagem Imaginária N.4*], de Cage, é para 12 aparelhos de rádio ligados em diferentes estações. Cada aparelho tem dois "executantes" – um para tratar da sintonia e outro para controlar o volume. Seu Concerto para Piano e Orquestra pode ser executado como obra para solo, peça de conjunto, sinfonia, ária (para soprano) ou concerto para piano. Cada músico escolhe, em qualquer ordem, um número qualquer de páginas de sua partitura. A coordenação se faz pela indicação do tempo decorrido, com o maestro convertendo seus braços nos ponteiros de um relógio.

A Peça para Piano N.XI, de Stockhausen, consiste em 19 seções para serem tocadas em qualquer ordem. Ao pianista cabe também escolher entre seis andamentos, dinâmicas e modos de tocar (*legato*, *staccato* etc.). Na peça *Zyklus* [*Ciclo*], destinada a instrumento de percussão, o único instrumentista tem liberdade para começar em qualquer página da partitura, que é espiralada e pode ser lida no sentido horário, anti-horário ou mesmo de cabeça para baixo. Depois o instrumentista passa a seguir as páginas ordenadamente, terminando a peça com a primeira batida da página por onde começara.

Stockhausen levou a música aleatória a um ponto extremo com aquilo que chamou de "música intuitiva". Em maio de 1968, ele se isolou por sete dias, sem comer, apenas mergulhado em profunda meditação. Disso resultou *Aus den Sieben Tagen: Compositions May 1968*, da qual damos aqui um trecho:

Ankunft ["Chegada"] (para qualquer número de instrumentistas)

Abandone tudo, estamos no caminho errado.
Comece por você mesmo: você é um músico.
Pode transformar todas as vibrações do mundo em sons.
Se você acredita nisso firmemente, e de agora em diante jamais duvidará, comece com os exercícios mais simples.
Fique em completa imobilidade, até deixar de pensar, querer e sentir qualquer coisa.
Sinta a alma, um pouco abaixo do peito.
Deixe que seu esplendor vá impregnando suavemente todo o seu corpo, de cima para baixo e de baixo para cima, ao mesmo tempo.
Abra sua cabeça, no alto, ao centro, um pouquinho para trás, e permita que a corrente que paira sobre você penetre nesse ponto, como uma densa esfera.
Deixe que a corrente tome conta de você, suavemente, da cabeça aos pés, e que continue sempre fluindo.
Calmamente, pegue seu instrumento e toque, primeiro, só notas simples.
Deixe que a corrente flua por todo o instrumento...
Aí você vai experimentar tudo por si mesmo...

Exercício 80   Explique o que entende por: politonalidade; atonalidade; *ostinato*; sincopado; escala de tons inteiros; *cluster*; surdina; retrógrado; *Sprechgesang*; microtons.

Exercício 81   a) Ponha na ordem de nascimento os nomes dos dez compositores citados abaixo:

( ) Bach   ( ) Tchaikovsky   ( ) Purcell   ( ) Britten   ( ) Machaut
( ) Mozart   ( ) Beethoven   ( ) Byrd   ( ) Wagner   ( ) Bartók

b) Dê a nacionalidade deles e cite uma obra de cada um.

Exercício 82   No quadro da p.68, só foi possível colocar o nome de alguns compositores do século XX. Cite alguns outros que também poderiam figurar nele, mencionando-lhes a nacionalidade e uma das obras.

Exercício 83   *Pesquisa* Dentre as músicas de compositores do século XX, cite as cinco que mais o impressionaram. Procure informar-se quanto a essas peças e os respectivos autores e faça um breve resumo sobre cada um deles.

Exercício 84	Ouça cinco peças diferentes de compositores do século XX. a) Faça uma descrição de cada uma das peças, mencionando todas as técnicas ou procedimentos típicos do século XX que você conseguiu perceber. b) Sugira um "rótulo" que poderia aplicar-se ao estilo da música e, se possível, identifique o compositor.
Exercício 85	Das peças de compositores do século XX que você ouviu, qual foi a que achou: a) mais interessante b) mais agradável c) mais desagradável Justifique as respostas.
Exercício 86	Em sua opinião, que tendências ou técnicas usadas pelos compositores do século XX poderiam ser mais exploradas e desenvolvidas, de modo a fornecer os principais elementos para a "música do futuro"? Por que julga que compositores do futuro irão achá-las dignas de sua atenção?

Exercício Especial D

Ouça gravações de obras pertencentes aos seis períodos da história da música, mas com o cuidado de colocá-las fora de sua ordem histórica. (O quadro sinóptico mostrado na p.80 o ajudará nesse trabalho.)

Antes de ouvir: Refresque a memória relendo as listas que contêm as principais características de estilo de cada período musical. Estas se acham ao final de cada um dos capítulos deste livro.

Enquanto estiver ouvindo: Anote todas as características de estilo que descobrir em cada uma das peças, juntamente com outros detalhes de interesse.

Depois de ouvir: Faça um breve relatório sobre cada peça, mencionando:
a) o período musical em que foi composta e, se possível, o nome do compositor
b) o tipo da peça, com detalhes sobre as forças utilizadas em sua execução
c) quaisquer outras "dicas" que o tenham ajudado no trabalho de identificação

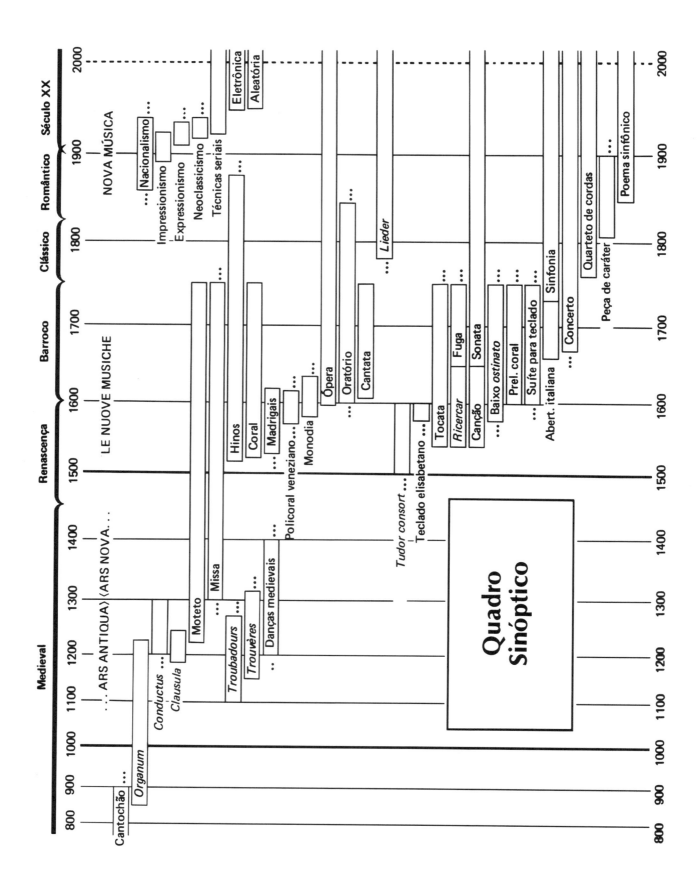